द रियल हीरो ऑफ इंडिया

रोहित कुमार

Copyright © Rohit Kumar
All Rights Reserved.

ISBN 979-888555634-7

This book has been published with all efforts taken to make the material error-free after the consent of the author. However, the author and the publisher do not assume and hereby disclaim any liability to any party for any loss, damage, or disruption caused by errors or omissions, whether such errors or omissions result from negligence, accident, or any other cause.

While every effort has been made to avoid any mistake or omission, this publication is being sold on the condition and understanding that neither the author nor the publishers or printers would be liable in any manner to any person by reason of any mistake or omission in this publication or for any action taken or omitted to be taken or advice rendered or accepted on the basis of this work. For any defect in printing or binding the publishers will be liable only to replace the defective copy by another copy of this work then available.

क्रम-सूची

क्रम-सूची

समर्पित

माता-पिता तथा गुरुजनों का समर्पित

प्रस्तावना

आप सभी आदरणीय प्रयोजनों (पाठकों) को मेरा नमस्कार!

मैं आप सभी के प्रेम एवं आशीर्वाद के सुखद, संपन्न एवं आनंदित हूं और आशा करता हूं कि आप सभी भी परिवार सहित सब कुशल है सुखद अनुभव महसूस कर रहे होंगे|

मेरा इस पुस्तक को लिखने का उद्देश्य एक सच्चे समाज सुधारक, स्वच्छता अभियान के जनक कहे जाने वाले संत श्री गाडगे महाराज के जीवन से पाठकों को रूबरू कराना है| उन्होंने समाज के उत्थान के लिए जो कार्य किए वाकई प्रशंसनीय हैं| मेरी पुस्तक द रियल हीरो ऑफ इंडिया के नायक की जीवनी पाठकों को कुछ ना कुछ नया सीखने को देगी|

इस पुस्तक में लेखक रोहित कुमार द्वारा संत श्री गाडगे महाराज की जीवनी का वर्णन किया गया है, बहुत ही कम लोग हैं जो इस जीवनी के नायक को जानते हैं| इसलिए लेखक द्वारा उनकी जीवनी को लिखा गया है|

लेखक
रोहित कुमार
पिता का नाम श्री अनिल कुमार
पता - नरहरपुर (दोस्तपुर), वाजिदपुर, सिकंदरा, राऊ, हाथरस|

रचनाकार परिचय

इस पुस्तक के लेखक रोहित कुमार जी हैं जो एक इंजीनियरिंग छात्र है| लेखक का जन्म उत्तर प्रदेश के हाथरस जिले के नरहरपुर (दोस्तपुर) नामक गांव में 23 अगस्त 2001 को हुआ|

इनके मार्गदर्शन पिता श्री अनिल कुमार जी एम दादा श्री जयपाल सिंह जी हैं इनकी प्रारंभिक शिक्षा गांव के ही श्री लाखन राय उच्चतर माध्यमिक विद्यालय नरहरपुर में हुई| उसके पश्चात मैंने महाराणा प्रताप इंटर कॉलेज सुजावलपुर (हाथरस) से 12वीं की परीक्षा पास की है| ये इन दिनों राजकीय पॉलिटेक्निक सोरों (कासगंज) से डिप्लोमा इन मैकेनिकल इंजीनियरिंग कर रहे हैं ये भविष्य में कुशल इंजीनियर व विश्व विख्यात लेखक बनना चाहते हैं|

1

गाडगे महाराज का जन्म

महाराष्ट्र के अकोला जिले के शेण गांव में 23 फरवरी 1876 को धोबी जाति के डिंगराजी और सखूबाई के घर एक बालक का जन्म हुआ, उस बालक का नाम उन्होंने डेबू जी रखा| आगे चलकर यह डेबू जी गाडगे बाबा के नाम से प्रसिद्ध हुए| इनका पूरा नाम डेबु जी झींगरा जी जड़ोंरकर था| नागपुर भुसावल मध्य रेलवे लाइन पर स्थित मूर्तिजापुर जंक्शन है यही वह स्टेशन है जहां से 1 लाइन अचलपुर की ओर चली गई है यही कोक्लडा नाम का एक स्टेशन पड़ता है| स्टेशन से मात्र 2 मील की दूरी पर ही उत्तर की तरफ शेण गांव पड़ता है जो गाडगे बाबा की जन्म भूमि के नाम से विख्यात तथा भक्तजनों का श्रद्धास्थल बन चुका है|

यह गांव पहले खासपुर के नाम से जाना जाता था|

शोधार्थियों द्वारा खोजी गई वंशावली के आधार पर कहा जा सकता है| कि उनके पूर्वज धोबी जाति से संबंध रखते थे जो जाणोरकर कुलनाम लगाते थे|

शेण गांव के 1775 ई में बसने वाले उनके पुरखे जयाजी जाणोरकर थे| इनके नागोजी जाणोरकर नाम का एक पुत्र पैदा हुआ| नागोजी के 3 पुत्र पैदा हुए कराजी राणोजी जाणोजी निसंतान रहे| कराजी तथा राणोजी

का ही वंश आगे बढ़ा| कराजी के पुत्र बैराजी हुए| बैराजी के 3 पुत्र हुए बापूराव, अमृत तथा महादेव तथा राणोजी पत्नी (झिपराबाई) के पुत्र केवल सिंह झिंगराजी जिनकी पत्नी सखूबाई थी| डेबुजी के 4 संतानें पैदा हुए अलोकाबाई (पति फकीरजी), कलावती, मुद्गल और केवल 1 पुत्र गोविंदराव| इसके बाद अलोकाबाई के चार संतानें पैदा हुई-विठाबाई, वासुदेव, नामदेव, निवृत्ति|

शिक्षा से वंचित सभी दलित जातियों में तब अंधविश्वास गरीबी फटेहाली शराब की लत आमतौर पर विद्यमान थी| कुपोषण जैसी बीमारियां इन्हीं के लिए थी| खुराक की कमी तथा गांव में सबसे ज्यादा गंदगी वाली जगह पर झोपड़ियां इनकी मुख्य वजह थी| ऊपर से बेगार के नाम पर कमरतोड़ मेहनत जाति के नाम पर भेदभाव अलग से झेलना पड़ता था| समाज इन अथ्य दुखों को यह पिछले जन्मों के कार्यों का फल भाग्य लिखित समझकर भोग रहा था| विद्रोह करने का उसमें मुद्दा व विवेक ही नहीं बचा था| यह समाज अपनी कमी को कोसते हुए पशु के समान जीवन जी रहा था| गाडगे बाबा धोबी जाति में पैदा हुए इसलिए उनकी भी स्थिति ऐसी ही थी|

इस समाजकी दुर्दशाका एक बड़ा कारण यह भी था कि इसमें तब शराब की लत आम बात थी| इसी कारण यह समाज अपनी यथास्थिति से उभर नहीं पाता था| अपनी अज्ञानता के कारण यह इसके कुप्रभावों के बारे में भी नहीं जान पाता था|

दलित ऐसे ऐसे अंधविश्वासों तथा दकियानूसी माहौल में जीता आ रहा था कि इनके देवी देवता भी शराब तथा मांस से ही प्रसन्न होते थे| गाडगे बाबा के पिताजी जी भी शराब की लत के कारण ही दिनों दिन बर्बादी की तरफ बढ़ रहे थे| शराब के अत्यधिक सेवन से एक तो वे परिश्रम के काबिल नहीं रहे थे, दूसरा उन पर साहूकारों का कर्जा भी बढ़ता जा रहा था| शराब की तलब मिटाने के लिए जब उनके पास एक आना भी नहीं बचा तब झींगराजी ने कोकिल्डा गांव के साहूकार के यहां अपनी जमीन के

कागजात गिरवी रखकर कर्ज उठाया| वह पैसे झींगराजी ने मित्रों के साथ शराब में उड़ा दिए| अब वह शराब नहीं पी रहे थे बल्कि शराब उन्हें पिए जा रही थी| वह दिनों दिन गिरते जा रहे थे| एक दिन वह उसी तरह अपने नन्हें डेबूजी पर कर्जा छोड़ कर चले गए| जिस तरह उस समय लगभग सभी दलित कर्ज छोड़कर दुनिया से जाया करते थे| कर्ज की इस भारी-भरकम गठरी को अब उनके नन्हे डेबूजी को उठाना था, लेकिन मरने के अंत समय में उनके भीतर क्रांतिकारी परिवर्तन आया| उन्हें अपनी दुर्दशा, जिसमें वह मरने जा रहे थे और अपने परिवार को छोड़कर जा रहे थे, के मूल कारण का पता चल गया था| लेकिन अब बहुत देर हो चुकी थी, ''अब पछताए होत क्या, जब चिड़िया चुग गई खेत|'' उन्होंने अपनी पत्नी को कातर निगाहों से घूरा| उनकी गोद में नन्हे डेबूजी सोए थे| कपकपाती आवाज में वह विलख उठे, ''देख सखू पूर्व दशा के लहुलूहान् कफन में सूरज लिपटने ही वाला है परिंदे अपने घोसले की तरफ लौट चले हैं|'' अब रोज रोज पैसा मांगना, पीकर आना, गाली बकना, मारपीट करना सब खत्म हो जाने वाला है| इस शराब ने ऐसी हालत बना दी है कि मेरी लाश ढकने को ढाई गज कफन भी नहीं है| शराब ने सब कुछ छीन लिया है| पहली बार दारू देवता का प्रसाद समझ कर पी थी| दूसरी बार.... तीसरी बार.... पीता ही चला गया.... बह गया सब कुछ - सुख - शांति, घर, जमीन.... फिर एकाएक वह आक्रोश में भर उठे| सखू मेरा अंतिम काम कर दे| उठा साले देवता को फेंक गंदे नाले में ताकि हमारा डेबूजी भी पूजा के नाम पर शराब ना ला पाए, उसे प्रसाद समझकर न पिए और उसका आदी न बने|

सखू मेरे डेबू को इन देवी देवताओं में और शराब से हमेशा दूर रखना| इतना कहते-कहते झींगाराजी के प्राण निकाल गये| यह झींगाराजी के अन्तिम शब्द थे जिनको डेबूजी ने अपने जीवन मे उतारा| डेबूजी के पिता उन्हे मात्र आठ साल का छोड़कर दुनिया से चले गये| झींगाराजी का देहांत 1843 ई को माना जाता है| इसके बाद झींगाराजी की पत्नी सखू अपने पुत्र डेबूजी को दापूरे गांव (अपने मायके) ले आई और फिर कभी शेणागांव नहीं लौटी|

2

डेबूजी का बचपन

दापुरे में सखू बाई को उनके पिताजी हविरराव जी तथा भाई चंद्रभान जी ने रहने की व्यवस्था कर दी| उनके पास खेती-बाड़ी अच्छी थी| दलित जातियों को उस दौरान पढ़ने-लिखने का अधिकार नहीं था| पढ़ाई तो दूर साफ-सुथरे कपड़े पहनना, बड़ा मकान बनाना तक वर्जित था| डेबूजी के बड़े होने पर काम मिला पशु चराने का| इसके अतिरिक्त अपने मामा के साथ खेती-बाड़ी मैं भी हाथ बाटने लगे| वह मवेशी को चराते, नेहलाते, सानी पानी करते और उनका गोबर कूड़ा उठाते| दलितों के बच्चों की तब यही दिनचर्या थी| इसी में जीवन बीतता था भूखे, प्यासे, फटे पुराने कपड़े पहने हुए|

डेबूजी को कसरत करना और कुश्ती करने का शौक था| इसी समय गांव के एक साहूकार ने अपने उबड़ खाबड़ जमीन डेबूजी और उसके मामा जी को बेच दी| उस उसर भूमि पर दोनों ने कड़ी मेहनत करके उससे उपजाऊ बना लिया| साहूकार ने उस उपजाऊ भूमि को देखकर वापस लेने की सोची| डेबूजी और उनके मामा जी पढ़े-लिखे नहीं थे, इसलिए उसने गलत कागजात पर धोखे से उसने अंगूठे का निशान लगवाकर जमीन हड़प ली| इस धोखे को उनके मामा जी सहन नहीं कर सके और थोड़े ही दिन बाद उसका देहांत हो गया| मामा जी की मृत्यु का डेबूजी पर गहरा असर हुआ| साहूकार ने गांव की बहुत लोगों के साथ इस तरह की

धोखाबाजी की थी, इसलिए संत गाडगे बाबा ने संकल्प लिया कि गरीब लोगों की सहायता करेंगे और उन्हें शिक्षित करेंगे ताकि वह किसी धोखे का शिकार ना हो सके|

दलित समाज पर उन दिनों निर्गुण परंपरा के संतो, नामदेव, चोखामेला आदि का बड़ा प्रभाव था| भगत मंडलियो द्वारा उनकी वाणी गायी जाती तथा उपदेशक व्याख्याता करते| लोग अपने कुल देवों के पीढ़ी दर पीढ़ी बंधे हुए जरूर थे| लेकिन निर्गुण वादी परंपरा में भी उनकी पूर्ण श्रद्धा थी| डेबूजी के साथ गांव भर के बच्चे अपने अपने मवेशी चराने ले जाते थे| खेल-खेल में उस मित्र मंडली ने एक भजन मंडली बना ली थी| करतार, ढपली, टल्ली, एकतारा आदि साज जुटा लिए थे| पशु चराते रहते और मित्र मंडली भजन गाकर मनोरंजन करती| यह भजन उसी नामदेव, चोखामेला आदि संतों की परंपरा के होते थे| शुरु शुरु में तो यह मंडली केवल आपसी मनोरंजन के लिए ही बनी थी, लेकिन जैसे जैसे डेबूजी और उनके साथियों की उम्र बढ़ती गई, भजन मंडली का सामाजिक धार्मिक रूप निखरता चला गया| इसी प्रकार समय बीतता गया, डेबूजी और उनके मित्र मंडली दूर-दूर तक देहांतों में भजन कीर्तन आदि के लिए बुलाए जाने लगे| शीघ्र ही डेबूजी की ख्याति दूर-दूर तक फैलने लगी| जगह-जगह सार्वजनिक आयोजनों में डेबूजी की मांग होने लगी|

वे केवल भजन गाने के आयोजनों में ही नहीं जाते थे बल्कि यहां अंधविश्वासों, बुरी आदतों के प्रति भी अपने दलित समाज को सचेत करते थे उन्हें कर्ज न लेने की हिदायतें देते थे| साफ-सफाई के महान महत्व को समझाते थे| चरित्र निर्माण पर भी जोर देते थे हुक्का बीडी बातों को कोसते थे| धीरे-धीरे डेबूजी की मेहनत रंग लाने लगी| उनके विचारों का समर्थन लोग करने लगे|

3

डेबूजी की शादी

ऐसी बात नहीं है कि डेबूजी अब सिर्फ भजन गायक में ही समय बिताते थे बल्कि यह काम तो वह खाली समय में ही किया करते थे| मैं मेहनती भी बहुत थे| अब वे पशु चराने की वजह खेतों पर काम करके बिताते थे उनकी मेहनत रंगलाने लगी| मामा के खेतों में फसलें लहराने लगी, सखूबाई के मन में डेबूजी की शादी की इच्छा उठती, लेकिन वह यह सोच कर चुप हो जाती है कि वह तो अपने भाइयों के घर में शेर्णार्थि बनकर रह रही है| उनकी स्थिति वहां मात्र कमेरो से बढ़कर क्या थी| ऐसे मे कौन अपनी लड़की देगा, उसके नाम तो जमीन का एक टुकड़ा भी ना तो शेणागांव में है और न ही यहां| लेकिन उधर डेबूजी ने मेहनत और व्यवहार से अपने मामा का दिल जीत लिया| वह डेबूजी ही थे जिनकी मेहनत से चंद्रभान के घर में अनाज, सब्जियां, कपास के अंबार लगने लगे, दूध की नदियां बहने लगी| चंद्रभान अपने लड़कों से बढ़कर डेबूजी को चाहते थे| अतः उन्होंने स्वयं ही अपनी बहन सखूबाई से कहा कि बहन मैं सोचता हूं कि हमें डेबूजी की शादी कर देनी चाहिए| इतना सुनते ही सखूबाई की अरमानों को जैसे पंख लग गए| उनके हृदय की खुशी आंखों के रास्ते से छलक आयी फिर शुरू हुआ डेबूजी के लिए लड़कियां देखने का सिलसिला| डेबूजी के दोहरे बदन का गोराचिट्टा बांका जवान थे| उनके लिये वेसे ही लड़की की दरकार भी थी| लड़कियों वाले डेबूजी के बारे में सुनकर प्रसन्न तो होते कि डेबूजी जैसे लड़के का उनके घर रिश्ता

आया, लेकिन उनकी आर्थिक स्थिति देखते ही बिदक भी जाते थे| घरों में बातें करते- मामा के यहां रहता है, कल को मां अनबन हो जाए मामा घर से निकाल दे, फिर कहां जाएंगे ? जैसे मां बेटा चंद्रभान के नौकर वैसे ही हमारी बेटी भी बनकर रहेगी| न बाबा नसिर पर अपना टीन टप्पर हो तो, अन्जिरी पंजीरी बीजने लायक चार कदम जमीन भी तो हो| बेटी जाति है, आंखों देखी मक्खी निगल ले क्या? इस प्रकार बात करने से पहले ही नार नुकुर भी हो जाती थी| उधर डेबूजी इन बातों से बेखबर खेती-बाड़ी तथा भजन मंडली में मस्त व्यस्त थे| अंत में दापुरे गांव के पास कमालपुर नामक गांव की एक गरीब धोबी धनाजी खल्लारकर ने अपनी बेटी कुंता बाई का रिश्ता डेबूजी से पक्का कर दिया| चंद्रभान ने दापूरे में सन 1892 में उनकी शादी 16 वर्ष की अवस्था में करा दी|

उन दिनों छोटी उम्र में विवाह करने का प्रचलन था| जिनकी शादी 17 वर्ष की अवस्था तक नहीं होती उन लड़कों को घुडवर तथा लड़कियों को घुडवधू तक कहा जाता था|

डेबूजी की शादी होने के बाद कीर्तन मंडली में जाने का सिलसिला जारी था| डेबूजी का बुद्धि का विकास भी इसी बीच हुआ| बचपन जाता रहा था, गंभीरता आ गई थी| डेबूजी दूर-दूर जब धार्मिक, सामाजिक समारोह में अपनी मंडली सहित जाते तो उन्हें वहां नए-नए अनुभव होते थे| चारों तरफ फैली गंदगी की समस्या, भुखमरी की समस्या, अंधविश्वासों की समस्या| डेबूजी ने सोचा कि यह समाज इन्हीं समस्याओं में धंसा रहता आया है और धंसा रहेगा| इस समाज की तरफ किसी भी संत, किसी भी महापुरुष का ध्यान नहीं गया है| हमें स्वयं ही अपने समाज के लिए कुछ करना होगा| यह दर्द हमारा है तो इसका इलाज ही हमें ही करना होगा|

4

असंभव क्या हैं?

गांव, देहातों व जंगलों में जो पशु चराने वाले बच्चे होते हैं उनमें से अधिकांश लोगों को नदी, नालों व तालाब में तैरने में बहुत रुचि होती है| डेबू जी के बचपन की एक कहानी प्रचलित है|

एक बार उन्होंने नदी किनारे खड़े होकर देखा कि उनके साथी व अन्य बच्चे नहाने का, तैरने का आनंद ले रहे है| इसलिए वहां नहाने की डेबूजी की भी इच्छा हुई| उन्होंने आव देखा ना ताव देखा तुरंत नदी में छलांग लगा दी|

वह पानी में डूब गए और हड़बड़ाने लगे, चीखने - चिल्लाने लगे| तब वहां तैरने वाले बड़े लोगों ने देखा कि डेबूजी के नाक मुंह में पानी चला गया है और वह डूब रहा है तब उन्हें पकड़कर पानी के बाहर किनारे पर लाकर और उनके नाक मुंह से पानी निकाल कर उन्हें बचाया| जब डेबू जी के पानी में डूबने की खबर उनके मामा, मां और नाना को पता चली तो वह लोग दौड़े चले आए| माँ सखूबाई ने उन्हें गले से लगाया| लेकिन डेबूजी इससे घबराए नहीं, हिम्मत नहीं हारी| वह जन्म से ही बड़ा साहसी थे | उन्होंने सोचा मुझे भी तैरना आना चाहिए| वह हर दिन दोपहर के समय इर्द-गिर्द कोई नहीं देख कर पानी में उतर कर तैरने का प्रयास करने लगे| उन्होंने 1 से 2 माह में अच्छी तरह तैरना सीख लिया| उन्होंने

पानी में तैरने की हर कला को हासिल कर लिया था| बरसात के दिनों में नदी में बाढ़ आने पर बाढ़ में फंसे लोगों को या जानवरों को बचाने का काम आसान नहीं होता है| उस समय अच्छे-अच्छे की अकल काम नहीं करती| लेकिन डेबूजी सीधे छलांग लगाकर डूबने वाले को बचा लेते थे| एक बार पूर्णा नदी में बाढ़ आ गई| नदी को बाढ़ में तैरकर पार करने की शर्त डेबूजी ने अमृता गणाजी नाम के साथी से लगा ली थी जिसे उन्होंने बहुत अच्छे से जीत लिया था| अब उनके लिए कुछ भी असंभव नहीं था|

5

अपनी मेहनत पर भरोसा

डेबूजी मामा चंद्रभान जी के घर का कर्ताधर्ता थे| उनके परिवार में उनकी बात का बहुत महत्व था| शादी के बाद डेबूजी की जिम्मेदारी और बढ़ गई थी| दापूरे गांव में पूर्णा नदी के किनारे पर बना जी तिकड़े नाम के साहूकार की 5 एकड़ खेती थी| जमीन अच्छी थी| लेकिन सही ढंग से उस पर मेहनत नहीं होने की वजह से बंजर बन गई थी| उस खेत को तिगड़े साहूकार ने चंद्रभान जी को बेच था| एक तरह से उस खेत को तिगड़े साहूकार ने उस खेत की रजिस्ट्री पत्र (बैनामा) नहीं किया था|

चंद्रभान जी ने भी सदभावना से उस और कोई विशेषध्यान नहीं दिया था| उन्हें के मन के भीतर पनपी बेईमानी का बिल्कुल भी आभास नहीं था| चंद्रभान जी इस बात पर भरोसा कर गए थे कि "मर्द की एक जवान"| डेबूजी ने लगातार दो साल उस खेत पर मेहनत की और इस प्रकार उन्होंने उस खेत को सोने का टुकड़ा बना दिया| उन्होंने खुद 2 साल में साहूकार को जो कुछ देना था, वह सब कुछ चुकता कर दिया था| दापूरे में पहले वाला खेत था| पूर्णा के किनारे वाला नया खेत इस तरह संपूर्ण ज़मीन को जोतने - बोने की जिम्मेदारी डेबूजी पर ही आ गई थी| डेबूजी का ममेरा भाई बलराम उनके ही निर्देशन में तैयार हो रहा था| चंद्रभान

जी को अपना बड़प्पन दिखाने से फुर्सत नहीं थी| अब नौकर डेबूजी की मदद के लिए रख लिया था| उनकी जोड़ी का एक बैल थक सा गया था| डेबूजी उसकी पूरी देखभाल करते थे| घर की गाय के दो बच्चे अच्छी तरह तैयार हो गए थे| डेबूजी ने अपना पूरा ध्यान उन पर केंद्रित कर दिया था| उनकी अच्छी देखभाल की थी कि आगे खेत के काम आ जाएं|

चंद्रभान जी ने डेबूजी की शादी में अपना रुतबा दिखाने के लिए तिगड़े साहूकार से कर्ज लिया था| उस कर्ज को चुकाना जरूरी था| तो चंद्रभान जी कर्ज चुकाने के लिए दोनों बछड़ों को बेचना चाहते थे| लेकिन डेबूजी ने उन को बेचने से मना कर दिया था| डेबूजी ने कहा कि यदि इन बछड़ों को बेच दिया, तो खेती का काम कैसे करेंगे? थका हुआ बैल तो खेती के काम नहीं आएगा डेबूजी ने अपने नाना हांबीरराव से कहा कि "आप लोग चिंता मत कीजिए| हम लोग कम खाएंगे कम खर्च करेंगे और साहूकार से छुटकारा पाएंगे| "डेबूजी को अपनी मेहनत पर पूरा भरोसा था| वह कहते थे परिश्रम से बड़े बड़े मसले हल हो जाते हैं|

6

गरीबों पर शर्म क्यों

डेबूजी बहुत बड़े ज्ञानी, बहुत बड़ा अनुभव और उम्र से भी कोई बहुत बड़े बुजुर्ग तो नहीं थे| लेकिन परिस्थितियों से उनको बहुत कुछ सिखा दिया था| स्वयं डेबूजी कभी किसी स्कूल में नहीं गए थे, न ही अध्यापक के पास रहे थे| उनकी अक्षरों को पढ़ना लिखना नहीं आता था| लेकिन वह शिक्षा के महत्व को भलीभांति समझते थे| वह कहते थे जो हमारे काम आता है, उसके प्रति हमें प्रेम भावना होनी चाहिए| बैल हमारी खेती के काम आते हैं, इसलिए उनके प्रति हमारे मन में दया और प्रेम भावना होनी चाहिए| साहूकार आम लोगों को गुमराह करता है, लूटता है, हम पर अन्याय दाता हैं हमें हर प्रकार से लूटता है इसलिए उनके प्रति हमारे मन में नफरत की भावना होनी चाहिए| डेबूजी साहूकारों से नफरत करते थे उसने एक बार अपने मामा से कहा, “मामा! हम भूखे प्यासे रहेंगे, बदन पर कपड़ा नहीं पहनेंगे| त्यौहार नहीं मनाएंगे| अपने बाल-बच्चों के साथ कड़ी मेहनत करेंगे और अपना पालन-पोषण करने वाली खेती की फसल से ही इस साहूकारी जाल से मुक्त हो जाएंगे| लेकिन उसके बाद कभी भी उस साहूकार की दहलीज पर नहीं जाएंगे| इस प्रकार की शपथ लीजिए| गलत सलत हिसाब बनाकर उसने आपको गुमराह किया है| अच्छे जानकर आदमी से उसके हिसाब की जांच करवाइए और झूठ के लिए साहूकार के पास शिकायत कीजिए| बाद में मैं सब कुछ देख लूंगा| “डेबूजी किसी बात से डगमगाने वाले व्यक्ति नहीं थे| झूठ को बर्दाश्त

करने वाले भी नहीं थे| अब सखूबाई मामी, नानी, नाना, बलीराम और कुंताबाई आदि सभी लोग लगन से खेत में कार्य करने लगे थे| इसलिए उनकी खेती भी काफी लाभकारी होने लगी थी डेबूजी कहते थे, "किसान न कभी बड़ा होता है और न कभी छोटा होता है| वह सिर्फ किसान ही होता है| बस खेत की मिट्टी में मेहनत करना और सोना पैदा करना उसका काम होता है| वही उसका धर्म होता है और खेती ही उसका भगवान होता है| वाकी के सभी देव, धर्म -चोचले हैं, पाखंड है| अमीरी और गरीबी की बात क्या लेकर बैठे हो? वह तो बादलों की तरह आती है और चली जाती है| अमीरी का अहंकार क्यों और गरीबी पर शर्म क्यों? कलाई रगड़कर मेहनत करना चाहिए| "इस प्रकार से डेबूजी ने अपनी छोटी सी उम्र में ही साहूकारशाही के खिलाफ लड़ने का अपना रास्ता बना लिया था और इस तरह से उन्होंने अपने मामा की हिम्मत को भी बढ़ाने का कार्य किया| अन्याय के विरुद्ध संघर्ष करते रहने का मार्ग उन्होंने जल्द ही समझ लिया था|

7

अब आगे अनाज का एक दाना भी नहीं दूंगा

आर्थिक व्यवहार में डेबूजी की नजर काफी तेज थी| यद्यपि उनको अक्षरों का ज्ञान नहीं था| 1 दिन डेबूजी ने अपनी सारी फसल का हिसाब लगाया| इस बार कितनी फसल हुई, साहूकार कितनी ले गया? उसका आज के भाव के अनुसार कितना मूल्य हुआ| इस प्रकार का सही-सही अंदाज लगाकर वह तिगड़े साहूकार के पास गया और उस से अनुरोध किया कि हमें हमारा हिसाब बताएं, उसकी रसीद बनाएं|

साहूकार कई बार हां हां कहकर टालता रहा लेकिन उसने न वो रसीद दी न ही हिसाब बताया| साहूकार के इस व्यवहार से डेबूजी का माथा ठनका कि हिसाब में कहीं ना कहीं गड़बड़ अवश्य है| डेबूजी ने साहूकार से कहा, "मामा का सारा कर्ज ब्याज के साथ चुकता हो गया है और हमारा ही कुछ बकाया आप पर निकलता है "तब तिगड़े साहूकार तो अचरज के मारे डेबूजी के मुंह की और देखते ही रह गया था| उसको कुछ सूझ नहीं रहा था कि इसका क्या जवाब दिया जाए? डेबूजी उस साहूकार को बार-बार और कई दिनों तक हिसाब बताने तथा रसीद देने के बारे में बोलते रहे, किंतु

साहूकार उस बात को बार बार टालता रहा| 1 दिन डेबूजी ने उस साहूकार को सीधे शब्दों में कहा, "हिसाब किताब दिखाकर कर्ज चुकती की रसीद यदि नहीं देता है, तो अब इसके बाद तुझे अनाज का एक दाना भी नहीं मिलेगा| ध्यान रख अगर तू खेत पर आया तो तेरी टांगे तोड़ दूंगा| यह मत भूलना कि तेरा मुकाबला इस धोबी के बेटे के साथ हैं, मेरे सीधे- साधे मामा जी से नहीं| तिगड़े साहूकार ने हिसाब के आंकड़ों का इधर-उधर घुमाकर सारी खेती हड़पने के लिए तैयार किया गया कर्ज का आंकड़ा बनाया| तब डेबूजी ने कहा कि यह तेरा झूठा हिसाब है तेरे सारे आंकड़े गलत है| मैं तेरे सारे आंकड़ों को नहीं मानता| साहूकार ने भी डेबूजी को जबरदस्त ढंग से धमकाया लेकिन डेबूजी उस साहूकार से डरने वालों में से नहीं थे और डेबूजी ने मन ही मन निश्चय किया कि "मै किसी भी रूप में साहूकार को इस जमीन को नहीं हड़पने दूंगा फिर चाहे उसके लिए मुझे कुछ भी क्यों न करना पड़े| "इस तरह से हम देख सकते हैं कि साहूकार की अनुचित बात और किसी भी प्रकार के अन्याय के खिलाफ डेबूजी के मन में जबरदस्त घृणा थी|

8

अन्याय से तो लड़ना ही होगा

डेबूजी को न्याय के लिए लड़ना बहुत अच्छा लगता था| जैसे उनको साहूकारी प्रथा से घृणा थी, उसी प्रकार धार्मिक पाखंडो से भी बड़ी नफरत थी| इसलिए उन्होंने भजन मंडली के माध्यम से जनजागृति का रास्ता अपनाया था और बहुजनसमाज में व्याप्त धार्मिक कुरीतियों, मिथ्या धार्मिक विश्वासों को समाप्त करने का प्रयास किया| डेबूजी के मामा की खेती पर अपना कब्जा करने का निर्णय तिगड़े साहूकार ने कर लिया था, तो दूसरी और डेबूजी ने कसम खाई थी कि, "मैं उसको कब्जा करने नहीं दूंगा| फिर खून-खराबा भी क्यों ना हो| "आस-पड़ोस के लोगों ने डेबूजी को समझाने की कोशिश की कि, "बेटा कल साहूकार खेत पर कब्जा करने आता है तो आने दो| उसको जो करना है, करने दो| उसको रोकना मत| इस गांव में हमारा कोई नहीं है| हम तो कहीं भी दो कपड़े धो कर पेट भर लेंगे| लेकिन उस साहूकार को जो करना है, करने दे| "लेकिन डेबूजी किसी की बात कहां सुनने वाले थे| क्योंकि उन्होंने उस खेत में कई साल तक हल चलाकर उसे उपजाऊ बना दिया था| डेबूजी साहूकार की जबरदस्ती को अन्याय मान रहे थे| साहूकार कल डेबूजी धोबी के खेत पर कब्जा कर लेगा, यह खबर चारों ओर आग की तरह फैल गई| खेत पर लोग इकट्ठा हो गए| उस दिन डेबूजी बहुत सुबह ही अपना हल

लेकर खेत पर हो गए| उनके पीछे पीछे हम्बीराव, सखूबाई आदि परिवार के सदस्य भी आ गए| सुबह 8:00 बजे साहूकार घोड़े पर सवार होकर, सात आठ हल एवं आठ नौ कट्ठे जवान लेकर खेत पर जबरदस्ती हल चलाने को आया तब डेबूजी खेत में हल चला रहे थे| साहूकार ने चिल्लाते हुए अपने लोगों से कहां, "चलाओ हल, वह कौन हल चला रहा है? उसको थप्पड़ मारकर बाहर कर दो| "डेबूजी मस्ती में हल चलाते रहे| साहूकार का हनुमंत्या नाम का आदमी डेबूजी के हल के सामने खड़ा हो गया| डेबूजी ने उसकी आंख से आंख मिलाकर कहा, "यदि तुझे अपनी जान व बच्चों की परवाह नहीं है, तो ही कदम आगे रखना| मैं गर्दन मरोड़ दूंगा| अगर एक कदम भी आगे बढ़ाया तो समझ ले तू मर गया| ये अन्यायी साहूकार तेरे बच्चों को क्या देगा? हट पीछे, वरना मुकाबला मेरे से हैं| "साहूकार का दूसरा आदमी सामने आया, डेबूजी ने उसके कनपटी पर थप्पड़ दिया एवं दूसरे के लात मारी जिससे वह जमीन पर जा गिरा| फिर डेबूजी ने साहूकार की ओर दौड़ते हुए कहा, "मैं मर जाऊंगा, लेकिन तेरा खून पी जाऊंगा| मैं देखता हूं, तू घर जिंदा कैसे जाता है? साहूकार घबराया और ऐसा भागा कि पुनः कभी डेबूजी के खेतों की ओर नहीं आया|

9

ऊंच-नीच के जातीय भेदभाव का विरोध

साहूकार की लूट खसोट का डेबूजी ने जो करारा जवाब दिया था, उस तरह का जवाब उस इलाके में इससे पहले शायद ही किसी ने दिया हो| इसलिए उस इलाके में डेबूजी का बड़ा नाम हो गया था और महत्व भी बढ़ गया था| लोग उनकी और बड़े सम्मान और आदर की दृष्टि से देखने लगे थे| तिगड़े साहूकार डेबूजी से भयंकर रूप से भय खाने लगा था और उनसे डेबूजी, से समझौते का प्रयास शुरू किया| मगर डेबूजी ने कहा, "साहूकार की कोर्ट कचहरियों की धमकी से नहीं डरेगा, जिसका रुपैया झूठा होगा| मेरा हिसाब खुला और असली है| वसूली करता है और रसीद नहीं देता है| हिसाब भी नहीं दिखाता, समझाता भी नहीं और बेशर्मी से कब्जा करने आ जाता है| क्या कानून की आंखें फूटी हुई है? क्या कानून ऐसे चोरो को समर्थन करेगा? "और डेबूजी साहूकार से किसी भी प्रकार का समझौता करने के लिए बिल्कुल तैयार ना थे| वे साहूकार की बेईमानी के सामने झुकने के लिए बिल्कुल भी तैयार नहीं थे | डेबूजी ने साहूकार को सीधे-सीधे शब्दों में कह दिया था कि अब आपका हम पर कुछ लेना बाकी रहा ही नहीं है| गाडगे महाराज उस समय से अपने भजनों, कीर्तनो में लोगों को यही बताते थे कि "भूखे रहिये, कपड़े पहेनिये लेकिन साहूकार के जाल में मत फ़सिये| "साहूकार रूपी सर्प को कुचल देने के कारण लोग

उन्हें देवीसिंह के नाम से पुकारने लगे थे| अब डेबूजी के मामा के घर की आर्थिक स्थिति काफी सुधरने लगी थी| उनके यहां के कपास, गेहु, अल्सी, तुवर, आदि उपज की बाढ़ सी आ गई थी| डेबूजी गांव व गांव में आने वाले गरीब, बेसहारा लोगों, पीड़ितों, साधुओं आदि की मदद करने लगे| उनकी यह सोच थी कि गांव में कोई भूखा न रहे, चाहे वह पशु ही क्यों ना हो| डेबूजी के गांव में भंडारा होता था| उसमें गरीब, अपाहिज़, बेसहारा, दलित आदि लोग आते थे परंपरा यह थी कि, सभी के भोजन के बाद बचा हुआ भोजन उन भूखे लोगों के सामने फेंक दिया जाता था| लेकिन डेबूजी को इस प्रकार का घटिया एवं अमानवीय व्यवहार बर्दाश्त नहीं हुआ| उन्होंने गांव के तथाकथित उच्च जाति लोगों को साफ शब्दों कह दिया था इन लोगों को दावत में बैठाकर गांववासियों का भोजन आप लोग सही ढंग से नहीं खिलाओगे, तो मैं आपकी किसी कार्य में शामिल नहीं होऊंगा| मैं उनको अपने घर में सम्मान के साथ और उनके साथ दावत में बैठकर खाऊंगा| "डेबूजी के कारण सभी दावत में साथ-साथ बिठाकर भोजन की परंपरा शुरू हुई|

इस तरह से डेबूजी ने सभी जाति के लोगों में आपसी भाईचारे के माध्यम से जबरदस्त सामाजिक क्रांति का सूत्रपात किया था|

10

अनुचित परंपराओं का विरोध

वास्तव में गाडगे महाराज के पास अपनी कोई जमीन अथवा धन नही था| उनका अपना घर भी नहीं था| जो कुछ था सब मामा का ही था पर मामा के घर में गाडगे महाराज ही कर्ता धर्ता थे | उन्हीं के कठोर परिश्रम के कारण ही मामा के अच्छे दिन लौट आये थे | गाडगे महाराज का निर्मल व साधा जीवन सभी को भाने लगा| इस समय कुंताबाई ने एक बेटी को जन्म दिया| सभी को बड़ी खुशी हुई| जाति परंपरा के अनुसार उनके सजाती भाइयों को लगा कि बच्चे के बराही के दिन डेबूजी के घर में मांस भोजन और शराब भी बटेगी | इस उम्मीद से हर कोई निमंत्रण का इंतजार कर रहा था| धोबी जाति में यह प्रथा थी कि बच्चा पैदा होने की खुशी में बकरा काटना और शराब पीना| कोई गरीब हो या अमीर, अपनी जाति को बकरे का मांस और शराब दिये बगैर बात नहीं बनती थी| एक तरह से धोबियों का वह जाति धर्म ही बन गया था| जाति के लोगों को इस बात की परवाह नहीं होती थी कि आप कर्ज लेकर, भीख मांग कर जाति धर्म का पालन कर रहे हैं| जो इस कार्य को नहीं करता, उसको जाति से बाहर कर दिया जाता था |

इस प्रकार के जाति रीवाज, जातिधर्म होते थे| हिंदुओं की सभी जातियॉ

में इसी प्रकार की परंपराएं विद्यमान थी और कुछ प्रथाएं आज भी है| जाति का अर्थ ही होता है - "एक बंद कुआं"|

जाति परंपरा, रिवाज के मुताबिक हंबीराराव बकरे और शराब की व्यवस्था में जुट गये थे लेकिन सखूबाई को यह बिल्कुल पसंद नहीं था क्योंकि मरते समय झिंगराजी ने उसको जो कुछ बताया था, वह याद आने लगा था कि धार्मिक पाखाडो रीति-रिवाजों से दूर रहना|

डेबूजी ने बारही के दिन मांस भोजन और शराब बांटने से साफ मना कर दिया था| इसके लिए उन्होंने किसी जातिवाले को नहीं मनाया| डेबूजी का कहना था कि बुरे दिनों में कोई जाति वाला दौड़कर नहीं आया| हमारी मुसीबतें हमें हल करनी पड़ी और फिर मांस खिलाना, शराब पिलाना कोई धर्म नहीं है? अगर यह धर्म है तो मैं ऐसे धर्म को ठोकर मारता हूं| शराब मांस का भोजन खिलाने से ही और उसी को धर्म मानने से हमारा धोबी समाज हमारी जाति बर्बाद हो गई है, भिखारी हो गई है, कर्ज में डूब गई है और चतुर साहूकार के जाल में फंस गई हैं|

डेबूजी ने नवजात बेटी की बाहरी के दिन को बहुत सादगी के साथ मनाया और उसमें सजातीय भाइयों को मांस शराब की बजाय बूंदी के लड्डू खिलाये लेकिन मांस और शराब रहित भोजन देखकर जाति के लोगों बड़े नाराज हो गए थे| डेबूजी ने उनकी परवाह नहीं की|

इस प्रकार डेबूजी की पहली नवजात बेटी अलोकाबाई की पहली बाहरी मनाई गई है| यह भी डेबूजी द्वारा किए गए सामाजिक क्रांति के कार्यों में से एक था|

11

समाज में बदलाव

बहुजन समाज में और खास तौर पर गांव देहातों में रहने वाली किसान जातियों में अनगिनत धर्मांधताएँ, विश्वास प्रचलित होने की वजह से उनकी बहुत दुर्दशा थी| साहूकार उनको आकर लूट लेते तो पंडित, पुरोहित, ढोंगी, साधु, संत धर्म के नाम पर उनका खून चूसते थे| सभी के दिल-दिमाग में देवी-देवताओं, अलौकिक शक्ति तथा भूत-प्रेत का भय बना रहता था| डेबूजी पढ़े लिखे नहीं थे, लेकिन बहुत ज्ञानी थे| वह सामान्य जनों की पीड़ा को, उनके दुखों को, उनके दुखों के कारण को खूब जानते थे| वह न साधु थे, ना संत और न ही तांत्रिक थे | डेबूजी एक सामान्य जानकार, मानव प्रेमी व्यक्ति थे इसलिए उनके मन में दुखी मानवों के प्रति, पशुओं के प्रति, जीव प्राणियों के प्रति करुणा और दया की भावना थी| उनकी यह भावना धार्मिक, ईश्वरवादी या अलौकिक बिल्कुल नहीं थी| डेबूजी अपने जन कल्याण के कार्यों को धर्म कार्य या ईश्वर कार्य का ईश्वरी प्रेरणा का कार्य बिल्कुल नहीं मानते थे, वे कभी ईश्वरबाद, ईश्वर भक्त नहीं रहे थे| उनके मंदिरों व मठों में मूर्तिपूजा में कभी आस्था नहीं रही| उनकी आस्था जनकल्याण के कार्यों में ही थी| लोगों के अज्ञान व उनकी नासमझी पर डेबूजी को बड़ा दुख होता था| बैलों को, गायो-भैंसों को कोई बीमारी हो जाने पर अथवा घर के किसी सदस्य को कोई बीमारी हो जाने पर लोग दवा की वजह किसी भगत के तांत्रिक को बुलाते थे| तांत्रिक शराब पीकर हवन धूप आदि करके घर

के, गांव के चारों ओर घूमता था, चिल्लाता था| उसमें से रोगी व्यक्ति अथवा जानवर बचेगा या नहीं, इस बात की कोई गारंटी नहीं रहती थी| ऐसे भोले भाले लोगों को डेबूजी कहते थे कि भैया, बीमारी तो बीमारी है, उसके लिए यह भगत या तांत्रिक क्या करेगा? तुम लोग डॉक्टर के पास जाओ| उसे इलाज करवाओ, वह दवाई देगा, आपकी बीमारी ठीक हो जाएगी| "इस प्रकार से डेबूजी लोगों को भगत अथवा तांत्रिक, पूजा-पाठ, हवन, कर्मकांड आधार्मिक मिथ्या विश्वासों से मुक्त करने के लिए प्रेरित कर रहे थे| डेबूजी बार-बार सोचते थे कि ईश्वर ने इस संसार को क्यों बनाया? उसका उद्देश्य क्या था? इतना दुख् किस लिए? यह पेड़, वनस्पतियां, बादल, पर्वत, नदी से बनाने के पीछे क्या वजह रही होगी? ईश्वर कहां रहता है? क्या मंदिर में मठ में, या पत्थर की मूर्ति में ईश्वर है? क्या वह बकरे से, शराब से यज्ञ हवन, पूजा पाठ से प्रसन्न होता है? ऐसे ढेरों सवाल उनके मन में पैदा होते रहते थे परंतु उक्त वक्त सवालों का कोई जवाब भी उनके पास नहीं होता था|

12

सामाजिक जीवन की ओर कदम

डेबूजी केवल अपने परिवार के बारे में ही नहीं सोचते थे बल्कि समाज के दुखों को दूर करने के बारे में, समाज को सचेत करने के बारे में भी सोचते थे| वह हमेशा दूसरों के काम आना चाहते थे| उनका परिवार अब एक सुखी परिवार हो गया था| उनकी पहली बेटी अलोकाबाई, उसके बाद दूसरी बेटी कलावतीबाई और तीसरा पुत्र मुद्गल था| पुत्र मुद्गल कुछ ही दिन जीवित रहा| सभी परिवारिक बातों की और सारा ध्यान सखूबाई का ही रहता था| डेबूजी का परिवार भी किसी भी घटना - दुर्घटना से कोई संबंध नहीं रहता था| खेती और जनकल्याण की ओर ज्यादा ध्यान देते थे| मुद्गल के बचपन में ही गुजर जाने के रिश्तेदार और सगे संबंधियों में तरह-तरह की बातें होने लगी| कोई कहता था कि बेटे के जन्म के समय देवी को बकरे की बलि नही चढ़ाई, इसलिए उसने बच्चे को उठा लिया| डेबूजी अनपढ़ जरूर थे, लेकिन ज्ञानी होने की वजह से वे सजातीय भइयो की इस तरह की मूर्खतापूर्ण व मिथ्या समझ की ओर कोई ध्यान नहीं देते थे| लेकिन बेटे की अकाल मृत्यु से डेबूजी बहुत निराश थे| अब उन्होंने अपना सारा ध्यान सामाजिक कार्यों की ओर देना शुरू कर दिया था| डेबूजी सोचने लगे थे कि "मेरा जन्म कैसे सार्थक हो? ,ऐसा मैं कुछ नहीं कर सकता? हम अच्छे हैं, भले चंगे हैं, इसका मतलब सभी

लोग, हमारे आसपास के लोग, समाज के लोग, जाति के लोग भी भले हैं, चंगे हैं ऐसी बात तो नहीं है जहां भी देखें, जिधर भी नजर दौड़िए वहा गरीबी, दरिद्रता, साहूकार का अन्याय और भ्रष्टाचार है लेकिन अन्याय का मुकाबला करने की हिम्मत किसी में नहीं है कई गंदी परंपराए, रश्म रिवाज, धर्म के नाम पर भगवान के नाम पर अन्याय, शराब, गांजा की भरमार, देव धर्म जाति धर्म के नाम पर पशु हत्या हो रही है और इसके खिलाफ कोई नहीं बोल रहा है| कोई भी इसको रोकने का प्रयास नहीं कर रहा है| क्या मैं इसको रोक सकता हूं? इसके खिलाफ लोगों को जागरूक कर सकता हूं? लोगों के दिलों दिमाग में बदलाव ला सकता हूं| ऐसी बातों के बारे में डेबूजी बहुत गंभीर रूप से सोच रहे थे लेकिन उनका अपनी खेती की ओर भी पूरा ध्यान था| एक दिन उन्होंने किसी भी विचित्र साधु को देखा| वह उस साधु से मिले और उसके पीछे-पीछे नदी के किनारे तक गए| डेबूजी ने साधु से भोजन करने की प्रार्थना की| साधु ने कुछ भोजन भी किया| डेबूजी ने एक रात उस साधु के साथ गुजारी| उसके बाद वह साधु वहां से गायब हो गया| इससे डेबूजी में वैराग्य की भावना जागी और वह समाज कार्य की ओर अधिक प्रेरित हुए| यहीं से उनके जीवन का नया अध्याय शुरू हुआ|

13

डेबूजी का गृह त्याग

अज्ञात साधु की मुलाकात के बाद डेबूजी की रहन-सहन में काफी परिवर्तन आ गया था| उन्होंने अच्छी तरह समझ लिया था कि समाज के लिए कुछ करने के लिए परिवारिक जीवन की वजह अकेला जीवन ज्यादा अच्छा है| डेबूजी के मन में ग्रह विचार आने लगा| ऐसा विचार आते हैं उनके सामने अपनी मां, गर्भवती पत्नी तथा दो बेटियों के चेहरे कोन्धने लगे| वे सोचने लगे मेरे घर छोड़ने पर उनका क्या होगा? फिर मन में आया कि यह सभी दिन भर मेहनत के बदले पेट भर रोटी और तन ढकने भर का कपड़ा ही तो पाती है| अतः उसी हाल में उन्होंने घर छोड़ने का निश्चय कर लिया| अतः 1 फरवरी 1905 को अपने घर परिवार का त्याग कर दिया और घर से बाहर निकल पड़े| उन्होंने अपने बदन के सभी कपड़े उतार दिए और फटी पुरानी धोती पहन कर घर से निकल पड़े| उनके एक हाथ में मिट्टी का लोटा था और दूसरे हाथ में एक छड़ी| मेहनत से भाग कर, समस्याओं से डरकर तो असंख्य लोग घर छोड़ते हैं लेकिन उनका गृह त्याग मेहनत के लिए था, समस्याओं से लड़ने के लिए था| तथाकथित ईश्वर की प्राप्ति के लिए भी उन्होंने घर नहीं छोड़ा था| भगवान बौद्ध ने भी 2500 वर्ष पहले इसी प्रयोजन के लिए घर त्यागा था कि दुख है, दुख का कारण है, निवारण का उपाय भी है| ऐसा सुखद संयोग है कि भगवान बहुत ने भी 29 वर्ष की उम्र में घर छोड़ा था और उनके 2500 साल बाद गाडगे बाबा जी ने अपना

घर छोड़ा तब उनकी उम्र भी 29 वर्ष थी| गरीबों, दीन दुखियों, बेसहारा लोगों की सेवा करना, समाज से अस्थाई धर्म के नाम पर बलि देना, लड़का या लड़की होने पर शराब बांटना आदि बातों को मिटाना ही उनका परम ध्येय था| इसलिए वह कभी मंदिर या मठ में भगवान की मूर्ति के सामने बैठे नहीं रहे| उन्होंने कभी हवन पूजा-पाठ या किसी प्रकार का धार्मिक कर्मकांड न स्वयं किया और न किसी ब्राह्मण-पुरोहित से करवाया| वह आम आदमी के मन में व्याप्त गंदगी से धोने में विश्वास करते थे| उनका सरोकार आम आदमी से था, देव धर्म और साधु-संत, महंतों से नहीं था| डेबूजी सन 1905-1917 अपने घर परिवार से दूर ही रहे| कहते हैं कि घर से निकलकर वह दो-दो, तीन-तीन दिन तक सरिखा चलते ही रहते थे| कहां जाएं और क्या करें इस बात का निर्णय करना उनके लिए बड़ा मुश्किल था| 1 दिन वह एक गांव में पहुंचे, तो गांव वालों ने उन्हें लुटेरा समझ कर भगा दिया था| भरी सर्दी में बदन पर अपेक्षित कपड़ों के अभाव में वह कापते रहते थे| अंधेरी रात, कटीली पगडंडी वह कहीं से भी चले जाते थे| भूखा पेट पानी से भर लिया करते थे| रास्ते में कहीं ज्वार का खेत दिखा, तो वहां से दो भुट्टे तोड़कर कच्चे ही खा लेते थे| नंगे ही लेट जाते थे, और सो जाते थे| उन्होंने जंगल पहाड़ों का भी भ्रमण कि| इस तरह से एक जगह से दूसरी जगह, एक गांव से दूसरे गांव घूमते घूमते उन्होंने काफी दिन गुजार दिए| वह गांव में जाते थे, किसी के घर में रोटी मांगते थे, मिल गई, तो खा लेते थे| उनके सिर के बाल बढ़ गए थे और जटा पड़ गई थी| बदन पर चिन्दियो से सिला कुर्ता रहता था| कहीं नदी नाला मिल गया, तो वहां नहाना, वहीं कपड़े धोना और गीले ही पहन कर आगे निकल जाना, यह उनके दिनचर्या हो गई थी| घर त्यागने के बाद बाबा को घोर परेशानियों का सामना करना पड़ा| बाबा जब किसी बस्ती के पास से गुजरते तो, गांव भर के आवारा कुत्ते उन पर टूट पड़ते| बाबा उनसे बचने की कोशिश करते थे परंतु कुत्ते उन्हें अक्सर लहूलुहान कर देते थे| मौसम की मार से बचने के लिए बाबर ने फटे-पुराने चिथड़े अपने पूरे बदन पर लिपेट रखे थे| ऐसे विचित्र भेष को देखकर कुत्ते तो टूट ही पड़ेंगे| कुत्तों का बेहताशा भोकने का शोर सुनकर गांव भर के बच्चे इकट्टा हो जाते थे| वे शोर मचाते पागल आया

पागल आया..... देखो देखो पागल आया......| बाबा के भेष को देखकर लोगों को भी शंका होती| वह चोर, लुटेरा होने के भय से उन्हें भगा देते थे| वह गांव के निकट आकर वहां की समस्याओं को निपटाना चाहते थे, लेकिन मजबूर होकर गांव के बाहर जंगलों में भटकना पड़ता| शुरू शुरू में उन्हें समस्या रही| धीरे-धीरे स्थिति सामान्य हुई| काफी दिनों तक देखते रहने से लोग उनके आदी हो गये तथा निश्चिंत भी हो गए|

14

हर पल जनसेवा के लिए तैयार

घर से निकल जाने के बाद डेबूजी का कहीं एक जगह ठिकाना नहीं था| वह चलते ही रहते थे| किसी गांव में इच्छा हुई, तो किसी घर के सामने जाकर रोटी मांग लेना, मिली तो खा लेना और आगे चल देना|

अपनी इस दिनचर्या में जहां भी कोई मुसीबत में हो, परेशानी में हो, तो उसकी मदद करना, उसकी परेशानी को दूर करना| ऐसे कार्यों को उन्होंने अपना धर्म बना लिया था| उनके लिए मंदिर में जाना, पत्थर की मूर्ति के दर्शन करना, मूर्ति पूजा करना धर्म नहीं था| उनका धर्म था गरीबों, दुखियों और जरूरतमंदों की मदद करना, लोगों के दिलों दिमाग में मिथ्या धर्म को हटाना| उन्होंने देखा कि समान से लदी हुई गाड़ी के कीचड़ में फंस गई है, तो वह वहां जाते थे और बाहर निकालने के लिए गाड़ी वाले की मदद करते थे| यदि गाड़ी वाले ने पूछा कि "आप कौन हैं? कहां से हैं? "तो वह हंस देते थे| दोनों हाथ जोड़कर उसको नमस्कार करके आगे चल देते थे| कोई गरीब, मजदूर महिला पीठ पर बच्चे को बांधकर सिर पर लकड़ियां या घास का बोझ ले जाते हुए दिखाई दी, तो डेबूजी उसके पास जाते और हाथ जोड़कर कहते थे कि "मेरी मां, अपना बोझ् मेरे सिर पर रख दो, चलो मैं आपको आपके घर तक छोड़ आता

हूं| उस अजीब वेशधारी को देखकर पहले तो महिला डर जाती, लेकिन डेबूजी उसके बोझ् को अपने सिर पर रखते और आगे चल देते थे| उनके घर तक पहुंचा देते थे और बिना कुछ बोले अपने रास्ते चले जाते थे| उस महिला को आश्चर्य होता था| गांव में सार्वजनिक कुओं की व्यवस्था ठीक नहीं होती थी| इर्द-गिर्द गंदगी फैली रहती, पशु भी वहीं पानी पीते थे| यह देखकर डेबूजी का बहुत बुरा लगता था| वह किसी से डोलची लेकर कूए से अच्छा पानी निकालकर पशुओं को पिलाते थे और कूए के इर्द-गिर्द की गंदगी को फावड़े से साफ करते थे|| ज्वार कटाई का मौसम शुरू हुआ| डेबूजी कभी खेत के पास से गुजरे और देखा कि खेत में मजदूर कटाई कर रहे हैं, तो वह भी वहां रुक जाते थे| देखा कि कोई मजदूर महिला थक कर पसीना-पसीना हो गई है, तो उसके पास से हंसिया लेकर कहते थे, "मेरी मां, आप बहुत थक गई हो, बैठो मैं आपका कार्य करता हूं और वह स्वयं कटाई करना शुरू कर देते थे| किसी ने पांच मुठठा घास दिया ,तो उसको लेकर रास्ते में गाय-बैलों को खिला देते थे| कहीं खेत में हल चल रहा हो, तो वहां जाकर स्वयं घंटे-दो घंटे हल चलाकर पसीना पहुंचते-पहुंचते किसान को नमस्कार करते हुए चले जाते थे| किसी ने रोटी दी और इच्छा हुई तो खा लेते थे| डेबूजी एक बस्ती में गए| बस्ती के पास ही कूड़े का ढेर था| उससे बदबू आ रही थी| मक्खियां बना रही थी, सूअर लौट रहे थे| उसी गंदे ढेर पर दलित बच्चे भी खेल रहे थे| डेबूजी ने बस्ती वालों को संबोधित किया| भाइयों और बहनों! अपनी रिहायश की बगल में इस गंदगी को देखो यह गंदगी कई किस्म की बीमारियों का कारण बनती है| इसी गंदगी की वजह से हमें स्वर्ण लोग नीच भी कहते हैं| हमारे लोग ताश खेलते हैं, शराब पीकर पड़े रहते हैं| हमें अपने आसपास खाली समय में स्वचछता अभियान चलाना होगा| सभी बस्ती वालों को सफाई के फायदे बताते हुए उन्होंने झाड़ू, टोकरिया, फावड़े, मंगवा लिया और हो गई कार्य सेवा शुरू| शाम होते-होते सारा कूड़ा साफ हो गया| डेबूजी भी बिना रुके परिश्रम करते रहे| सफाई के बाद पूरी बस्ती खिली खिली सी दिखने लगी थी| गंदगी, बदबू तथा मच्छर मक्खियों का कहीं नामोनिशान न था| डेबूजी वही एक पेड़ के नीचे लेट गए| बस्ती वाले उनके लिए रोटी और दूध ले आए| अगली सुबह जब बस्ती वाले फ़िर

डेबूजी के पास आए तो उन्होंने उसी स्थान पर उनसे वृक्षारोपण करवाया| फूल उगाने के क्यारियाँ बनवाई| डेबूजी ने उन्हें शराब, हुक्का, बीड़ी ना पीने, कर्ज उठाने अंधविश्वास को मानने, जीव हिंसा न करने और कड़ी मेहनत से अपना भविष्य संभालने की बातें बताई|

इस प्रकार वे गांव-गांव, बस्ती-बस्ती जनसेवा का अलख जगाते हुए घूमने लगे| चारों और उनकी चर्चाएं होने लगी| लोग उनके सेवाभाव के कायल होने लगे| उनकी शिक्षाओं पर चलने लगे| देखते ही देखते वह जनसेवा का प्रतीक बन गए|

15

गाडगे बाबा नाम क्यों पड़ा?

डेबूजी जब घर से निकले थे तब उनके हाथ में एक टूटे घड़े का ठीकरा था| यह खप्पर नुमा ठीकरा बाबा हमेशा अपने पास रखते थे इसी में खाते, इसी में पानी पीते| यह ठीकरा जीवन भर उनके साथ ही रहा| वर्षा, धूप, सर्दी से बचने के लिए सिर पर भी रख लिया करते थे| उनका जन्म स्थल क्योंकि महाराष्ट्र का रहा| मराठी भाषा में मटकी (घड़े) के खप्पर नुमा ठीकरे को 'गाडगा' कहते हैं| इसी गाडगे से उनका नाम गाडगे बाबा पड़ा| बाबा के पास हमेशा झाड़ू भी रहता था| वह जहां भी जाते सबसे पहले सफाई करते थे| गांव छोड़ने से पहले फिर सफाई करते थे| वह एक गांव में दो तीन दिन से अधिक नहीं ठहरते थे| लोग खाने के लिए बाबा को जो कुछ लाते उसे वह ठीकरें में डलवा लेते थे| कंधे पर बाबा कपड़ा भी रखते थे| उससे वे फटे पुराने कपड़ों को साफ कर जोड़कर अपने शरीर पर लपेट लिया करते थे| उनके विलक्षण आदतों के कारण ही अलग-अलग क्षेत्रों में उन्हें अलग-अलग नामों से भी जाना था| उनके पहनावे की वजह से भी उन्हें कई नामों से पुकारा जाता था| कहीं उन्हें बट्टी साधु कहते, कहीं चापरेबूबा, कहीं गोधड़े महाराज, कहीं लौटके महाराज तो कहीं गाडगे महाराज के नाम से पुकारते थे|

16

निर्भय जीवन से ही नया जीवन

डेबूजी ने अपने जीवन में कभी किसी के मान और सम्मान की इच्छा नहीं की| बल्कि हर तरह का अपमान बर्दाश्त करके हमेशा हर पल लोगों के काम आने का ही काम किया है| कोई उन पर घुर्राये, धमकाए, कोई मारने के लिए दौड़े, कोई मार भी दे, तब भी उन्होंने किसी को नमस्कार के अलावा कुछ नहीं कहा| यह काम किसी साधारण मनुष्य का नहीं हो सकता| डेबूजी सन 1905 में अपने घर परिवार का त्याग करने के बाद वह दिन-रात केवल यहां से वहां, गांव गांव, जंगल जंगल घूमते रहे| वह कहीं केवल आराम के लिए एक रात से ज्यादा समय नहीं रुके| 1 दिन डेबूजी अपनी धुन में जा रहे थे| देखते ही देखते आकाश में काले बादल छाने लगे, गरजने लगे| बिजली चमक रही थी, हवा काफी तेज बह रही थी| हवा और बारिश दोनों साथ साथ थे| रात का समय था|| चारों ओर भयंकर अंधकार छाया हुआ था| बारिश रुकने का नाम नहीं ले रही थी| रास्ते में पानी ही पानी, नदी नाले उफान पर थे, आगे कदम बढ़ाए तो कैसे? कहां जाएं कुछ सूझ नहीं रहा था| लेकिन डेबूजी धीरे-धीरे आगे बढ़ रहे थे| वह नदी के किनारे पुराने नीम के पेड़ के नीचे रुक गए| तूफान और बारिश इतनी तेज थी कि वह पेड़ कुछ ही समय में जमीन पर गिर पड़ा| डेबूजी झट से बाजू हट जाने के कारण बच गए| फिर वह चमकती

बिजली के प्रकाश में रास्ता खोजते खोजते एक पहाड़ी पर चले गए| वह पूरी तरह भीग चुके थे| उन्होंने पहाड़ी पर एक बड़ी चट्टान पर बैठकर सारी रात जागते हुए गुजारी| बदन के कपड़े बदन पर ही सूख गए थे| उस समय डेबूजी ने अनुभव किया कि ब्रह्म वास्तव में मिथ्या है| जीवन ही व्यवहार का सत्य है| जीवन में सुख, दुख, आपत्ति, आनंद सभी है और यही सत्य जीवन है| सुबह होने के बाद डेबूजी वहां से और कहीं चल दिए|

17

स्वच्छता आंदोलन के जनक

गाडगे बाबा ने घर छोड़ने के बाद गांव गांव में गंदगी देखी लोग कूड़ा कचरा खुले, रास्ते के किनारे, बस्तियों के पास ही फेंक देते थे| खुले में और प्राय: रास्तों के किनारों पर शौच कर देते थे| घर में नहाने धोने का पानी रास्तों में ही निकाल देते थे| अक्सर सीढ़ीदार कुए होते, लोग जूते पहनकर उसमें उतरते| उसी में नहाते और उसी में पानी पीते| यही वजह है कि वह लोग गंदगी से उपजी बीमारियों के शिकार थे| मलेरिया, हैजा, आंत्रशोध जैसी बीमारियाँ इसलिए फैल रही थी| अपनी जनसेवा का आगाज ही उन्होंने स्वच्छता से किया| झाड़ू हमेशा उनके साथ में रहता था| इसी प्रकार उन्होंने देशवासियों को स्वच्छता का मूल मंत्र दिया| काल क्रम के आधार पर स्वच्छता अभियान के जनक महात्मा गांधी नहीं बल्कि संत गाडगे महाराज थे| गांधीजी गाडगे महाराज से प्रभावित भी थे तथा उनसे भेंट करने को उत्सुक भी थे, जबकि गाडगे महाराज जी अपने जनसेवा मिशन में जुटे थे| गांधीजी न केवल गाडगे महाराज के नाम से 1935 से भी पहले से परिचित थे, बल्कि उनके महान कार्य के बारे में भी जानते थे| गाडगे महाराज जी ने भेंट करने की गांधीजी की इच्छा को पूर्ण किया था बी.जी. खेर ने| गाडगे बाबा का बर्धा की तरफ कीर्तन था बी.जी. खेर ने गांधीजी को सूचित किया| 31 दिसंबर 1935

को वर्धा के सेवाग्राम में गाडगे बाबा और गांधीजी की मुलाकात हुई| दोनों के बीच अनेक विषयों पर चर्चा हुई| गाडगे महाराज जी को गांधी जी ने कुटिया के सामने वाले चबूतरे पर बैठाया| हजारों की संख्या में लोग बाबा को देखने के लिए जुटे थे| कस्तूरबा गांधी, रामदास गांधी ने गाडगे महाराज जी की रूचि का भोजन परोसा मिर्च, प्याज, अरहर की दाल, ज्वार की रोटी| महात्मा गांधी ने गदगद होते हुए कहा ''गरीब लोग जैसा भोजन करते हैं बाबा भी वैसे ही खाते हैं|''

बड़े-बड़े बुद्धिजीवी एवं अमीर लोग भी सहयोग करने लगे| 1 वर्ष तक जन सेवा करने के उपरांत ही प्रभावित होकर नाना साहब जमींदार भी बाबा के लिए डेढ़ एकड़ जमीन दान दी थी| उस समय सारा दारोमदार खेती-बाड़ी पर निर्भर था| खेती को आवारा पशुओं से बड़ी हानि होती थी| फसल के नुकसान से गुस्साए किसान आवारा पशुओं को निर्दयता से पीटते| बाबा ने इस समस्या के निदान के लिए जगह-जगह गौशाला बनवाई|

बाबा का अगला कदम था मरीजों के लिए अस्पतालों का निर्माण| कुष्ठ रोगियों के लिए कुष्ठ आश्रमों का निर्माण करवाया| जिन तथाकथित धार्मिक स्थलों पर बकरे, मुर्गे, भैंसे कटते थे वहां उन्होंने जीव दया नामक संस्थाओं की स्थापना की|

18

परिवार की सुध

बाबा की दो बेटियों की शादी हो चुकी थी, उनका एक ही पुत्र था गोविंदा| बाबा के गृह त्याग के बाद उनका बचपन बड़े कष्टों में बीता| उसे अध्ययन के लिए पूना के शिवाजी मराठा छात्रावास में भेज दिया गया था| गोविंदा की शादी बचपन में ही कर दी गई थी| उस समय दलित जातियों में छोटी उम्र में ही शादी करने का रिवाज था| 7 से 8 वर्ष की उम्र में जिस लड़के की शादी नहीं हो पाती थी उसे घोडवर कहकर चिढाया जाता था| यहां तक कि लड़कियों को भी घोडवधू कहने का प्रचलन था| 5 मई 1923 को अचानक पागल कुत्ते के काटने से गोविंदा की मृत्यु हो गई| गाडगे महाराज गोविंदा की मृत्यु पर जरा भी आहत नहीं हुए और न ही उन्होंने उन सेवा मिशन को त्यागा था| उस समय रत्नागिरी जिले के खारेपाटण गांव में गाडगे बाबा का कीर्तन था| वहां उन्हें तार भेजा गया| गाडगे बाबा कीर्तन को तैयार हुए थे| उसी समय एक व्यक्ति तार लेकर आया| उसने रोते हुए बताया कि गोविंदा इस दुनिया में नहीं रहा| इस पर गाडगे बाबा ने कहा, ''अनगिनत लोग मर चुके हैं, एक के लिए रोने से क्या फायदा ''और फिर अपने कीर्तन में लग गए और उन्होंने इस घोर विपत्ति को भी बड़ी आसानी से सहन कर लिया था| सखूबाई (गाडगे बाबा की मां) और कुंताबाई (गाडगे बाबा की पत्नी) ऐसी दलित नारिया थी, जिन्होंने जीवन भर दुख ही दुख देखे| पेट को भरने के लिए उन्हें कमरतोड़ मेहनत पराए घर में करनी पड़ती थी| लेकिन अब दोनों बाबा

के महान कार्य की कृति सुन सुनकर खुश रहने लगी थी| मां को संतोष था कि उसने ऐसे महान बेटे को जन्म दिया तथा पत्नी को संतोष था कि वह ऐसे महान व्यक्ति को जीवन संगिनी बनी| दोनों ही सन्यासियों जैसे जीवन जी रही थी| अत: बाबा ने उन्हें अपने पूरे परिवार सहित साथ रख लिया| जहां जहां भी जन सेवा का कार्य होता वे उन्हें अपने साथ रखते| जनसेवा में उनका भी सहयोग लेते| बाबा के हाथों बड़े-बड़े कार्यों का संपन्न होते हुए देख उन्हें हर्ष होता| उनके कीर्तन में हजारों की भीड़ जुटते देख वे फुले नहीं समाती| कलाशी गांव में 1 दिन सखूबाई भी बीमार पड़ी| उनकी हालत बिगड़ती गई| सखूबाई ने बेटे से मिलने की अंतिम इच्छा प्रकट की| गाडगेबाबा किसी जनसेवा अभियान पर थे| काफी व्यस्त थे कुंताबाई ने जाकर कहा-की माँ बहुत बीमार है| अब शायद नहीं बच पाएंगी| अंतिम बार आपको देखने की इच्छा व्यक्त की है| बाबा ने कहा- पिछले महीने कीर्तन में उनसे मिल ही लिया था| यहां कितना काम करने को है| मेरी शक्ल देखने से क्या हो जाएगा| कुंताबाई लोट आयी| सखूबाई ने मृत्यु शैया से पूछा, ''मेरा डेबू आ गया क्या कुंता? ''कुंताबाई ने न कहते हुए सिर हिलाया| मां को सात्वना देने के लिए अपनी तरफ से कहा- शायद वह कल तक आ पाए| साखू ने खासते हुए लंबी सांस ली- आज नहीं आ सका डेबू तो कोई बात नहीं| मुझे खुशी है, संतोष है, परोपकार में लगा है| उसने जीवन सार्थक किया है| गाडगे बाबा जैसे महान पुत्र को पैदा करने वाली माता सखूबाई उसी दिन सदा- सदा के लिए सो गई|

19

संत गाडगे महाराज एवं डॉ बी आर अंबेडकर की मित्रता

संत गाडगे महाराज, डॉक्टर अंबेडकर के समकालीन थे तथा उनसे उम्र में 15 साल बड़े थे| वैसे तो गाडगे महाराज बहुत राजनीतिज्ञों से मिलते-जुलते रहते थे| लेकिन वे डॉक्टर बी आर अंबेडकर के कार्यों से अत्यधिक प्रभावित थे| इसका कारण था जो समाज सुधार संबंधी कार्य अपने कीर्तन के माध्यम से लोगों को उपदेश देकर कर रहे थे, वही कार्य डॉक्टर बी आर अंबेडकर जी राजनीति के माध्यम से कर रहे थे| संत गाडगे महाराज के कार्य की ही देन थी कि जहां डॉक्टर बी आर अंबेडकर तथा कथित साधु-संतों से दूर ही रहते थे, वही संत गाडगे महाराज का सम्मान करते थे| वह संत गाडगे महाराज से समय-समय पर मिलते रहते थे तथा समाज सुधार संबंधी मुद्दों पर उनसे सलाह मशवरा भी करते थे| डॉक्टर बी आर अंबेडकर और संत गाडगे महाराज के संबंध के बारे में समाजसेवी पूर्णिमा जी लिखती हैं, ''आजकल के दलित नेताओं को इन दोनों से सीख लेनी चाहिए| अक्सर कर विश्वविद्यालय कॉलेज में पढ़े लिखे आधुनिक नेताओं को, जो सामाजिक कार्यकर्ताओं तथा समाज सुधार करने वाले मिशनरी तथा किताबी ज्ञान से परे रहने वाले दलित

कार्यकर्ताओं को तिरस्कार भरी नजरों से देखते हैं और बस अपने आप में ही मगरूर रहते हैं| क्या बाबा साहब से भी ज्यादा डिग्रियां आज नेताओं के पास है? बाबा साहब संत गाडगे महाराज से आंदोलन एवं सामाजिक परिवर्तन के विषय में मंत्रणा करते थे| यद्यपि उनके पास किताबी ज्ञान है अब राज सत्ता दोनों थे| अतः हमें समझना होगा कि सामाजिक शिक्षा एवं किताबी शिक्षा भिन्न है और प्रत्येक के पास दोनों नहीं होती| अतः दोनों प्रकार की शिक्षा में समन्वय की जरूरत है|

संत गाडगे महाराज, बाबा साहब और अन्य के साथ गाडगे बाबा संत कबीर की तरह मनुवाद, पाखंडवाद जातिवाद के विरोधी थे| वह लोगों को हमेशा यही उपदेश देते थे कि सभी मानव एक समान है, इसलिए एक दूसरे के साथ भाईचारे और प्रेम का व्यवहार करो| वे स्वच्छता पर विशेष जोर देते थे| वे हमेशा अपने साथ में झाड़ू रखते थे, जो स्वच्छता का प्रतीक था| वे कहते थे की सुगंध देने वाले फूलों को पात्र में रखकर भगवान की पत्थर की मूर्ति पर अर्पित करने की बजह चारो ओर बसे हुए लोगों की सेवा के लिए अपना खून खपाओ| भूखे लोगों को रोटी खिलाओ, तो ही तुम्हारा जन्म सार्थक होगा| पूजा के उन फूलों से तो मेरा झाड़ू ही श्रेष्ठ है| यह बात आप लोगों के समझ में नहीं आएगी|

गाडगे महाराज आजीवन सामाजिक अन्याय के खिलाफ संघर्षरत रहे तथा अपने समाज को जागरुक करते रहे| उन्होंने सामाजिक कार्य और जन सेवा को ही अपना धर्म बना लिया था| वह व्यक्ति के कर्मकांडो, मूर्ति पूजा व खोखली परंपराओं से दूर रहे| जाति प्रथा और अश्प्रश्यता को बाबा सबसे घृणित और अधर्म कहते थे| उनका मानना था कि ऐसी धारणाएँ धर्म के पाखंड वादियों ने अपने स्वार्थ सिद्ध के लिए जोड़ी है| मनुवादी पाखंडी इन्ही मिथ्या धारणाओं के बल पर आज जनता का शोषण करके अपना पेट भरते हैं| इसलिए वह लोगों को अंधभक्ति से बचने की सलाह देते थे| अन्य संतों की भांति संत गाडगे महाराज को भी औपचारिक शिक्षा ग्रहण करने का अवसर नहीं मिला था| उन्हें स्वाध्याय बल पर ही थोड़ा बहुत पढ़ना लिखना सीख लिया था| शायद यह बाबा

साहब का ही प्रभाव था कि संत गाडगे महाराज शिक्षा पर बहुत जोर देते थे| उन्होंने शिक्षा के महत्व को इस हद तक प्रतिपादित किया कि यदि खाने की थाली भी बेचने पड़े तो उसे बेचकर भी शिक्षा ग्रहण करो| हाथ पर रोटी लेकर खा सकते हो पर विद्या के बिना जीवन अधूरा है| वह अपने प्रवचनों में शिक्षा पर उपदेश देते समय बाबा साहब को धारण स्वरूप प्रस्तुत करते हुए कहते थे कि ''देखा बाबासाहेब आंबेडकर अपनी महत्वकांशा से कितना पढ़े| शिक्षा कोई एक वर्ग की ठेकेदारी नहीं है| एक गरीब का बच्चा भी रिक्शा लेकर ढेर सारी डिग्रियां हासिल कर सकता है| ''संत गाडगे महाराज ने अपने समाज में शिक्षा का प्रकाश फैलाने के लिए 31 शिक्षण संस्थाओं तथा 100 से अधिक अन्य संस्थाओं की स्थापना की| बाद में सरकार ने इन संस्थाओं के रखरखाव के लिए एक ट्रस्ट बनाया|

गाडगे महाराज बाबा साहब अंबेडकर से किस हद तक प्रभावित थे, इसके बारे में चर्चा करते हुए संभवत: लोक सेवा आयोग के प्रथम अध्यक्ष डॉ एम एल शहारे ने अपनी आत्मकथा, 'यादों के झरोखे' में लिखा है कि ''बाबा साहब से गाडगे बाबा कई बार मिल चुके थे| वे बाबा साहब के व्यक्तित्व एवं कृतित्व से प्रभावित हो चुके थे| बाबा साहब और संत गाडगे महाराज ने साथ साथ तस्वीर खिंचवाई थी| आज भी कई घरों में ऐसी तस्वीरें दिखाई देती हैं| संत गाडगे महाराज ने डॉक्टर अंबेडकर द्वारा स्थापित पीपुल्स एजुकेशन सोसाइटी पंढरपुर की अपनी धर्मशाला छात्रावास हेतु दान की थी| संत गाडगे महाराज की कीर्तन शैली अपने आप में बेमिसाल थी| वे संतों के वचन सुनाया करते थे विशेष रूप से कबीर, संत तुकाराम, संत ज्ञानेश्वर आदि के काव्यांश जनता को सुनाते थे| हिंसावादे, शराबबंदी, अस्पृश्यता निवारण, पशु बलि प्रथा आदि उनके कीर्तन के विषय हुआ करते थे| गाडगे बाबा दादर में डॉक्टर महाजनी के यहां बीमार होने की खबर डॉक्टर अंबेडकर को दी गई| डॉक्टर अंबेडकर उस समय भारत के कानून मंत्री थे| उनको शाम को ही दिल्ली जाना था| कुछ ही समय में उनको स्टेशन पहुंचना था, ट्रेन के लिए ज्यादा देर न थी लेकिन बाबा की बीमारी की खबर मिलते ही

डॉक्टर अंबेडकर खड़े हो गए और कहा ''तो फिर मुझे उनके दर्शन को जाना चाहिए|

''और उन्होंने दो कंबल साथ में लिए और महानंद स्वामी के साथ में डॉक्टर महाजनों के घर गए| जैसी बाबा को पता चला डॉक्टर अंबेडकर आए हैं, वह बिस्तर से उठ कर बैठ गए और बोले, ''आप क्यों आए? आपका एक-एक मिनट बड़ा कीमती है| हम फकीर हैं| आपका कितना बड़ा अधिकार| ''डॉक्टर अंबेडकर बोले, ''बाबा हमारे अधिकार दो दिन का है| कल कुर्सी से हटे, तो हमें कौन पूछने वाला है? आपका अधिकार अमर है| इसी समय डॉक्टर अंबेडकर अपने लाखों अनुयायियों के साथ बौद्ध धर्म ग्रहण करने वाले थे| वह हिंदू धर्म का त्याग पहले ही कर चुके थे| गाडगे महाराज मुंबई के जे जे हॉस्पिटल के पास ही धर्मशाला में चल रहे स्कूल की देखभाल कर रहे थे| डॉक्टर अंबेडकर ने उनके पास एक दूत भेजा| डॉक्टर अंबेडकर गाडगे बाबा से धर्मान्तर के बारे में चर्चा करना चाहते थे| बाबा तुरंत कुलाबा में डॉक्टर अंबेडकर से मिलने को गए| इस संबंध में दोनों मित्रों ने विस्तार से चर्चा की| डॉ अंबेडकर ने धर्म त्याग दिया इस बात से गाडगे महाराज बहुत खुश थे और उन्होंने ने डॉक्टर अंबेडकर से कहा कि सारा दलित समाज आपके साथ है| आप जो रास्ता बताएंगे, उसे ये स्वीकार करेंगे| डॉक्टर अंबेडकर ने ''कहा बाबा मैं सभी दलितों को लेकर बुद्ध की शरण में जाऊंगा, हमें आपका आशीर्वाद चाहिए| गाडगे बाबा ने डॉक्टर अंबेडकर के कार्यों की मंगलकामना की और नमस्कार कर वहां से चले गए|

यह संयोग ही है कि डॉक्टर अंबेडकर की मृत्यु के मात्र बाद 14 दिन बाद ही गाडगे बाबा ने भी जनसेवा और समाजोत्थान के कार्यों को करते हुए 20 दिसंबर 1956 ई. को हमेशा के लिए आंखें बंद कर ली|

20

रुणमोचन में डेबूजी की खोज

डेबूजी निश्चिंत होकर घूम रहे थे| लेकिन उनके परिवार के लोग, पत्नी, मां, आदि बड़ी दुखी थे| सभी लोग डेबूजी के वापस लौटने की कामना कर रहे थे| उनको जहां- जहां संभव हुआ, वहां -वहां उन्होंने डेबूजी की खोज भी की| एक दिन डेबूजी का ममेरा भाई बलिराम किसी काम से मात मूर्तिजापुर गया था, वहां उनको किसी ने बताया कि डेबूजी साधु हो गए हैं और माहूर इलाकों के घूम रहे हैं डेबूजी के परिवार जनों ने माहूर इलाकों के अपने रिश्तेदारों को खबर भेज दी| रुणमोचन की पूस के माह का मेला भी करीब आ चुका था| सभी को विश्वास हो गया था कि डेबूजी कहीं भी हो, लेकिन वह इस मेले में जरूर आएंगे| रुणमोचन स्थान दापुरी से 3 मील की दूरी पर था| पूस के मेले का दिन आ पहुंचा| सखूबाई, बलिराम आदि लोग बहुत सुबह ही रुणमोचन पहुंच गए थे| लेकिन उन्हें डेबूजी कहीं दिखाई नहीं दिए| क्योंकी वे लोग डेबूजी को मंदिर में खोज रहे थे पर डेबूजी को उस मंदिर से कुछ लेना-देना नहीं था| वह तो आने वाले यात्रियों की सुविधा असुविधा के बारे में सोच रहे थे| वहां आने वाले भावुक लोग ज़्यदातर गांव देहातों के ही होते थे| यहां रुणमोचन में आने वाला दर्शनार्थी पूर्णा नदी में स्नान कर डुबकी लगाकर फिर घाट पर चढ़कर मंदिर में जाता था| पूर्णा नदी रुणमोचन के पास बहुत सकंडी

और गहरी थी| उसके किनारे के चढ़ाव तीन तीन आदमी ऊंचे थे वहां की मिट्टी चिकनी, पैर फिसलने वाली, घाट की चढ़ाई एकदम सीधी थी| जिसकी वजह से स्नान करके घाट पर चलने वाले फिसल जाते थे| हर साल ऐसा ही होता था| लोगों की श्रद्धा कुछ भी हो, पर पत्थर से दूध नहीं निकलेगा| वैसे भी भगवान तो घाट का सुधार करने वाले थे नहीं| जो करना था, आदमियों को ही करना था| डेबूजी को पहले से ही रुणमोचन और उसके घाट के बारे में अच्छी जानकारी थी| पूस के माह के मेले के लिए वहा यहां आए थे| उनके बाल काफी बड़े थे| उनके बदन पर चिंदियो से सिला हुआ कुर्ता था| किसी से बात भी नहीं कर रहे थे लोगों ने देखा एक फटे पुराने कपड़े पहने, जटाधारी व्यक्ति फावड़ा लेकर सुबह से गीली मिट्टी पर सूखी मिट्टी डाल रहा है| दर्शनार्थियों को पहले तो लगा कि कौन बाबा यहां आया है लेकिन जब दर्शनार्थियों ने गौर से देखा, तो पाया कि वह तो डेबूजी थे| सभी को बड़ा आश्चर्य हुआ| काफी दिनों बाद स्थिति में सखूबाई ने डेबूजी को देखा था| डेबूजी के सभी रिश्तेदार और मित्र उनको देखने के लिए उतावले हो गए थे| संत गाडगे महाराज को अब अपने परिवार के प्रति विशेष लगाव नहीं था| उनका समाज उनका परिवार था| माँ सखूबाई से मिलने के बाद डेबूजी मैं इसे कहीं और चले गए| लोग डेबूजी के बारे में तरह-तरह के बातें कर रहे थे|

21

स्वच्छता का प्रतीक 'झाड़ू'

धर्म मंदिर में नहीं, धर्म पूजा पाठ में नहीं, धार्मिक कर्मकांड में नहीं, धर्म तिलक चंदन लगाने में नहीं, धर्म पितांबर पहनने में नहीं, असली धर्म तो मानव कल्याण में है, जनहित कार्य में है| इस बात को स्थापित करने का कार्य अब डेबूजी ने शुरू कर दिया था धर्म बताना सिर्फ ब्राह्मणों का ही कार्य नहीं है| एक सामान्य से सामान्य व्यक्ति भी धर्म बता सकता है| यह बात डेबूजी ने अपने आचार विचार तथा सोच से सिद्ध कर दी थी| डेबूजी की सोच थी कि पंडित तो धर्म बता ही नहीं सकता, वह केवल अधर्म ही बताएगा| क्योंकि अधर्म उसके खाने-पीने का धंधा है| डेबूजी का धर्म हिंदू धर्म से अलग था| उनका जन्म जन सेवा, जन कल्याण, जनहित अथार्त ''बहुजन हिताय, बहुजन सुखाय'' का धर्म था| किसी भी प्रकार के धार्मिक पाखंड से दूर रहना ही उनका धर्म था| डेबूजी स्वयं एक फटी पुरानी लूँगी और बदन पर फटा पुराना चिंदियो से सिला कुर्ता पहनते थे| गांव देहातों में सामान्य किसानों, दलितों को साल में शायद ही कभी नया कपड़ा मिलता था और जो भी कपड़ा वे पहनते थे, वह जब तक बदन पर ही मेला कुचला और तार तार नहीं हो जाता, तब तक पहनते थे| उसी को धोकर पहनते रहते थे| डेबूजी एकदम सामान्य आदमी के प्रतीक बन गये थे| उनके द्वारा अपनाया गया झाड़ू स्वच्छता

का प्रतीक था| डेबूजी को यह सब सीखने, जानने और करने के लिए किसी ब्राह्मण पंडित के पास जाने की जरूरत नहीं पड़ी, बल्कि उन्होंने अपने अभिप्रेरणा से ही यह सब जाना था| वह हर दिन शाम को हाथ में झाड़ू लेकर मेले की सारी गंदगी साफ करते थे| कागज के टुकड़े, जूठन, रोटी के टुकड़े तो साफ करते ही थे, लेकिन लोगों ने जहां तहां जो गंदगी फैलाई थी, उसको भी साफ करते थे| मेले में जो पत्थर पड़े होते थे, उनको भी ले जा कर दूर डाल देते थे| इस तरह हर दिन मेले के स्थान को साफ सुथरा रखने का काम डेबूजी कर रहे थे| डेबूजी की इस प्रकार की दिनचर्या देखकर लोगों को बड़ा आश्चर्य होता था| लोगों को समझ में नहीं आ रहा था कि डेबूजी के बारे में क्या कहे? अगर उनको पागल कहे तो पागल, आदमी इस तरह का कार्य नहीं करता| यदि साधु संत कहे, तो कोई संत या साधु इस प्रकार का कार्य करते कभी किसी ने नहीं देखा था| जितने साधु, संत व महात्मा हुए, वह तो मिथ्या और पाखंडवाद को ही धर्म मानते रहे, लेकिन डेबूजी उन सभी से बिल्कुल अलग थे| उन सभी से बहुत ऊपर थे| उनको धर्म के नाम पर पाखंड बिल्कुल स्वीकार नहीं था|

22

पत्थर की मूर्ति पर फूल चढ़ाने से क्या फायदा?

डेबूजी को पहले से ही बोलने की कम, काम करने की आदत ज्यादा थी| उनकी याद वो उनके जीवन के अंतिम समय तक उनके साथ बनी रही| रुणमोचन के मेले में आए हुए सभी दर्शनार्थियों मंदिर में पूजा पाठ में लगे हुए थे| कोई प्रार्थना कर रहा था, कोई कुछ मांग रहा था| लेकिन डेबूजी दर्शनार्थियों की सुख सुविधा के लिए और स्वास्थ्य के लिए चारों ओर फैली गंदगी साफ करने के लिए अपना खून पसीना बहा रहे थे| जो लोग जानकर थे, समझदार थे,उनके मन में विचार उठ रहे थे कि मंदिर में पत्थर का ईश्वर श्रेष्ठ है या मंदिर के बाहर की गंदगी साफ करने वाले झाड़ू वाले? ईश्वर महान है या डेबूजी महान है? ईश्वर तो मिथ्या हैं, परंतु डेबूजी सत्य हैं| क्योंकि हम उसको देख रहे हैं| लोग आपस में चर्चा करने लगे| वह लोग डेबूजी की ओर बड़े आदर के साथ देखने लगे थे| यह आदमी पागल नहीं है, ईश्वर का दीवाना नहीं है| सुबह से शाम तक लोगों की सेवा कर रहा है| वह किसी से कुछ मांग नहीं रहे है| सारी गंदगी साफ कर रहा है| उनकी जन सेवा ही ईश्वर भक्ति से भी महान है| इस तरह से लोग सोच रहे थे| जो लोग डेबूजी को देखते हैं उनके मन में धीरे-धीरे

उनके प्रति आदर की भावना उत्पन्न हो रही थी| सखुबाई, कुंताबाई और बलिराम आदि परिवार के लोग चाहते थे कि डेबूजी यह सब कुछ छोड़ कर घर वापस चले आए और अपनी घर गृहस्ती ठीक प्रकार से चलाये डेबूजी ने घरवालों से मार्मिक सवाल किया ''आज में तुम लोगों के साथ चला गया कल मर गया, तो फिर आप लोग क्या करेंगे? ''नाना, नानी, मामा मर गए, तब आप लोगों ने क्या किया? और आप लोग कर भी क्या सकते हो? स्वार्थ की बात सब लोग सोचते हैं लेकिन बचा हुआ जीवन जरूरतमंदों की सेवा में लगाना चाहिए| मेरी दृष्टि में तो यही सच्ची सेवा है| मंदिर में पत्थर की पूजा करने से क्या लाभ? डेबूजी के उक्त सवाल का किसी के पास कोई जवाब नहीं था| पूजा फूलों से तो मेरा झाड़ू ही श्रेष्ठ है यह बात आप लोगों के समझ में नहीं आएगी| ''इतना कह कर डेबूजी वहां से उठकर चले गए|

23

धोबी समाज की शान संत गाडगे महाराज

धोबी समाज को गाडगे महाराज पर बहुत गर्व है| वे कहते कि ''गाडगे महाराज धोबी जाति के मोती है| डेबूजी ने धोबी जाति को जो रास्ता दिखाया और सारे मानव समाज के लिए जो कार्य किए, वास्तव में यह भयंकर अंधेरे में चिराग प्रज्वलित करने की तरह ही था| हिंदू धर्म की दलदल में फंसे, अज्ञान और अंधकार से घिरे अपमानित, प्रताड़ित जीवन जीने वाले धोबी समाज को आज तक किसी साधु, संत, ब्राह्मण, पुरोहित ने इंसानियत का कोई रास्ता नहीं बताया बल्कि अन्धकार में ही रखने का प्रयास किया| उस समाज के लिए भी आशा की एक किरण बन गए थे| सारा धोबी समाज यह धीरे धीरे गाडगे महाराज के कार्यो में संगठित होने लगा था| लोग डेबूजी को तरह-तरह के विशलेषण लगाने लगे थे| लेकिन वे अपने आपको ''मैं एक फूटा खपरा मोती जैसा किसी के गले की माला में हिलते डुलते रहने की वजह मोती की बूंद जैसा दवाइयों का कण बनकर प्यासे के गले में जाऊं, इसे के लिए मेरा प्रयास है| ''बस इतना ही कहते थे| चारों ओर गाडगे महाराज की कीर्ति फैलने लगी थी| लोग उनके महान कार्यो की चर्चा करने लगे थे| गाडगे महाराज की घुमक्कड़ी का क्षेत्र भी बड़ा हो गया था| वे पैदल तो चलते ही थे| लेकिन कभी-कभी रेल यात्रा भी कर लेते थे| यात्रियों की भीड़ में जाकर बैठ जाते थे|

मन में आया या जहां रेल गाड़ी रुक गई या जहां टीटी ने उतार दिया, उतर जाते| डेबूजी रेल का सफर बगैर टिकट के ही करते थे| टीटी पास में आता था, टिकट पूछता 'और टिकट नहीं है' कहने पर गाली गलौज करता था, तो कभी धक्के मारकर डिब्बे से बाहर कर देता था| फिर दूसरी गाड़ी में चढ़ कर आगे चले जाते थे| अगर संभव नहीं हुआ, तो एक या दो स्टेशन पैदल ही चल लेते थे| एक बार बाबा काशी की यात्रा पर गये थे| लौटते समय इटारसी रेलवे स्टेशन पर एक अंग्रेज टीटी ने गाडगे महाराज से टिकट दिखाने के लिए कहा| डेबूजी बगैर टिकट सफर कर रहे थे| टिकट न दिखाने पर टी टी ने डेबूजी को लात मारकर प्लेटफॉर्म से धकेल दिया| उस डिब्बे में एक मुस्लिम व्यक्ति बैठा हुआ था| उसको यह सब अच्छा नहीं लगा|उसने कहा, ''बाबा, आप बगैर टिकट सफर क्यों करते हो ? आपको इस तरह की मार, धक्का मुक्की, अपमान सहना पड़ता है| डेबूजी,'' भाई साहब, हमने इससे भी भयंकर अन्याय सहा है और सह रहे हैं हमारे देश में बेहिसाब ऐसे लोग हैं, जो रोज इससे से भी भयंकर अन्याय बर्दाश्त करते हैं| ''उस व्यक्ति ने डेबूजी की स्थिति देखकर ₹10 का नोट आगे किया अब डेबूजी उसको कहा, ''जनाब;,, पैसे का मुझे क्या करना है? ''यह लाठी, मिट्टी का यह टुटा लोटा मेरे बदन पर जो चिंदियो वाला कुर्ता है, बस यही मेरी दौलत है| ''डेबूजी ने इन शब्दों को सुनकर वह आदमी उन्हें नमस्कार करने के लिए झुक गया|

24

धर्म के नाम पर लूट

डेबूजी काशी से कुछ पाकर नहीं बल्कि खोकर लौटे थे| उन्होंने जैसे धर्म की कल्पना की थी, वैसा धर्म उनको काशी, बनारस में कहीं भी दिखाई नहीं दिया| उनको चारों और ब्राह्मण पंडो और गुंडों जैसा राज दिखाई दिया| उनको वहां धर्म तो कहीं दिखाई ही नहीं दिया बल्कि धर्म के नाम पर विश्वास ही मिला| लेकिन काशी के पास सारनाथ भी है| वे बड़ी निराशा के साथ काशी से लौटे एवं सामाजिक कार्य में जुट गए| डेबूजी ने दापुरे और वहां के घर तथा पारिवारिक जीवन का त्याग कर 12 साल तक अपने घर नहीं लौटे| उन्होंने समाजत्थान के कई रचनात्मक कार्य शुरू किए थे| उन्होंने धोबी जाति में तथा अन्य निचली जाति में व्याप्त, अंधविश्वास, मिथ्या रीति रिवाज, बलि प्रथा, शराब खोरी, दहेज प्रथा, पढ़ाई लिखाई के प्रति अनास्था आदि को समाप्त करने के लिए रचनात्मक कार्य शुरू किए| इसके लिए उन्होंने भजन गाना, कीर्तन करना आदि मार्ग अपनाए थे| उन्होंने धोबी जाति में यह जबरदस्त प्रचार किया कि शादी विवाह में दूल्हे की ओर से या दुल्हन की ओर से दहेज नहीं लेना चाहिए| जो कोई इस पाप को करेगा उसकी शादी का बहिष्कार करना चाहिए| दहेज के कारण दोनों परिवार पर साहूकार का कर्जा हो जाता है| नवविवाहित पति पत्नी को अपना नया संसार कर्ज के ढेर से शुरू करना महापाप है, यह तो अपने आप को बर्बाद करना है| शादी के लिए साहूकार से कर्ज लेकर गाजे-बाजे से, गांव में भोजन से,

कीमती उपहारों का नकली व झूठा प्रदर्शन करने की बजाय, गरीबी की शोभा योग्य दाल रोटी का भोजन खिलाकर विवाह संपन्न करना चाहिए| इस बात का प्रचार गाडगे जी अपने कीर्तन के माध्यम से करते थे|

एक बार एक शादी में वरपिता ने वधूपिता से दहेज की मांग की| वधु पिता हड़बड़ाया, उसे कुछ समझ नहीं आ रहा था कि "क्या करें? "गाडगे जी के स्थानीय मित्रों ने उन्हें बुलाया| उन्होंने वरपिता को समझाने का बहुत ही प्रयास किया पर वह कुछ भी मानने के लिए तैयार नहीं था| तब डेबूजी ने कहा यह शादी नहीं होगी और उन्होंने पड़ोस के गांव में शादी के लिए लड़का राजी कर लिया था| बगैर किसी तामझाम के शादी संपन्न हुई और पहला लड़का जीवन भर अविवाहित ही रहा|

25

शिक्षा के बिना मनुष्य का जीवन अधूरा

कीर्तन के माध्यम से समाज जागृति का कार्य, समाज की कुरीतियों के उन्मूलन का कार्य समाज से धर्म के नाम पर धार्मिक पाखंड को समाप्ति का कार्य एक तरह से गाडगे जी का मिशन बन गया था| वह आज इस गांव में तो कल उस गांव में| इस तरह सारे महाराष्ट्र में घूमते रहे| लोगों में उनकी काफी ख्याति हो गई थी| अब लोगों ने बड़े आदर के साथ गाडगे "महाराज" के नाम से पुकारने लगे थे| वास्तव में उनका कार्य एक जनहितवादी, कर्मसाधक का कार्य था, उन्होंने समाज में व्याप्त हर बुराई, कुप्रथा, कुधर्म का डटकर विरोध किया| वे पाखंडी साधु, संत, महंतों से सदा दूर रहे| पुराणों, रामायण महाभारत की बातों पर भी उनका कभी भरोसा नहीं रहा| उनके कीर्तन के विषय हमेशा आदमी की समस्याएं होते थे और बहुजन समाज को जागृत करना ही उनके मिशन का उद्देश्य था| वह चाहते थे कि बहुजन समाज, पिछड़ी जातियां, दलित समाज तथाकथित उच्च जातियों की दास्तां को ठुकरा दे| इसलिए उनको शिक्षा प्राप्त करने की जरूरत है, शिक्षा से ही उनका उत्थान संभव है, यही उनकी मान्यता थी| गाडगे बाबा की जीवन की एक

बड़ी महत्वपूर्ण घटना है| गांव के एक अनपढ़ महार लड़का काम के लिए मुंबई गया था| उसने बहुत दिनों बाद एक चिट्ठी भेजी| गांव में कुलकर्णी ही पढ़ना लिखना जानता था| अनपढ़ महार चिट्ठी को लेकर कुलकर्णी के पास गया और कहा कि "दादा, इस चिठ्ठी को पढ़कर बताइए ,में आपके पाव पड़ता हु| "कुलकर्णी ने महार से चिट्ठी हाथ में लेकर कहा, "मेरी यह लकडिया फाड़ दे, फिर सुनाता हूं| "मेरा बेटा ठीक तो है न? "बार-बार पूछते हुए महार ने सारी लकडिया फाड़ दी लेकिन कुलकर्णी चिट्ठी पढ़कर नहीं सुना रहा था| ऊपर से महार को गाली भी दे रहा था| पहले ही महार भूखा प्यासा था| 2-3 सख्त लकड़ी टूट ही नहीं रही थी| वह पसीना पसीना हो गया और नीचे बैठ कर कहां, "दादा, पढ़ना हो तो पढ़ो, वरना चिट्ठी वापस कर दो| मैं किसी और से पढ़वा लूंगा लेकिन यह लक्कड़ तोड़ने की हिम्मत मुझ में नहीं है| "कुलकर्णी ने कहा, लकडिया टूटती नहीं तो चिट्ठी भी नहीं देता, चला जा यहां से| "उसी समय गाडगे बाबा वहां से गुजर रहे थे| उन्होंने उस असहाय महार को देखा| कुलकर्णी के दुर्व्यवहार को भी देखा, तो पास जाकर कहा, "ला रे बाबा, अपनी कुल्हाड़ी, और सारी लड़कियाँ तोड़ डाली और कुलकर्णी की आंखों से अपने स्वाभिमानी आंखें मिलाते हुए कहा, "क्यों भैया, अब देते हो या नहीं, इस महार की चिट्ठी? "कुलकर्णी ने बगैर पढ़े चिट्ठी लौटा दी| गाडगे बाबा ने उस महार से कहा, "बाबा, तू और मैं, हम दोनों ही अनपढ़ है| यदि हम पढ़ लिए होते, तो हमारी यह हालत नहीं होती| शिक्षा के बगैर इंसान पत्थर के समान है|

26

चरण स्पर्श से क्या होगा?

गाडगे बाबा अपने कीर्तनों के द्वारा उपस्थित बहुजन समाज को शिक्षा का महत्व समझाते थे| शिक्षा के प्रति बहुजनों और दलितों में रुचि उत्पन्न करने के लिए उन्होंने जगह-जगह स्कूल चलाए थे| छात्रवृति के लिए भी उन्होंने कुछ धन उपलब्ध करवा दिया था| वे संपन्न लोगों को प्रेरित करते थे कि वह गरीब, पिछड़ी व दलित जातियाँ, धर्माध होने के कारण हिंदू धार्मिक स्थलों में, मंदिरों में ब्राह्मण, पुजारी उनको किस प्रकार से लूटते हैं, मुर्ख बनाते हैं| वास्तव में गाडगे महाराज ने स्वयं देखा था| उन्होंने इस बात को अच्छी तरह से अनुभव किया था कि दलित जातियों का अज्ञान, धर्माधता परम्परागत धार्मिक कुसंस्कार ही उनके पिछड़ेपन का सबसे बड़ा कारण हैं| धर्म के नाम पर दलित और पिछड़ी जातियों को बेवकूफ बनाना, सबसे आसान काम है| कोई साधु, महान, पुजारी, बाबा आ जाए, बहुजन समाज के लोग उनके पाव पड़ने के लिए, उसके चरणों का पानी पीने के लिए, उनके चरणों में लेट जाने के लिए बड़े उतावले हो जाते हैं| इस बात को स्वयं गाडगे बाबा ने देखा और भोगा था, अनुभव किया था| वह नहीं चाहते थे कि लोग इस तरह के मूर्खता करें| साधु संतों, महंतों ने बहुजन समाज को सैकड़ों सालों से मूर्ख बनाकर, लूट कर अज्ञान के अन्धकार में रखा है, यह अब और नहीं होना चाहिए|

इसलिए उन्होंने शुरू से ही इस तरह पाव पड़ना, चरणों में लेटना, चरण का अमृत लेना आदि बातों का जबरदस्त विरोध किया था| वे स्वयं न किसी के पाँव पड़ते थे, न किसी से अपने पाँव पड़वाते थे और न किसी को अपने को पाँव पड़ने का मौका ही देते थे| वे स्वयं जो उनसे मिलता था, उसको अपने दोनों हाथ जोड़कर नमस्कार करते थे| फिर चाहे वह अपने से बड़ा हो या छोटा हो, पुरुष हो या महिला, गरीब हो या धनी, सभी को वे अपने दोनों हाथ जोड़कर नमस्कार करते थे| जो बहुजन समाज के लोग बड़ी आस्था के गाडगे बाबा के कीर्तन को सुनते आते थे, वे कीर्तन समाप्त होने के बाद गाडगे महाराज के पांव पड़ने का प्रयास करते थे लेकिन गाडगे बाबा उनको पाँव पड़ने का मौका न देते थे| इसलिए वह अपने कीर्तन समाप्त होने से पहले कहीं छिप जाते थे| वे अपना कीर्तन समाप्त होने के बाद लोगों के बीच में या मंच पर नहीं रहते थे| क्योंकि वो लोग उनके पाव छूने' के लिए, उनके पाँव पड़ने के लिए लालयित रहते थे| उनका मानना था कि किसी के प्रति आदर व्यक्त करने के और भी कई तरीके हैं| आदर दूर से भी व्यक्त किया जा सकता है| हाथ जोड़कर या नमस्कार करके भी व्यक्त किया जा सकता है| गाडगे बाबा वास्तव में सभी प्रकार रूढ़ियां के विरोधी थे|

27

पत्थर के सामने पैसे चढ़ाने का कोई लाभ नहीं

गाडगे बाबा को धार्मिक पाखंड से बहुत घृणा थी क्योंकि उनकी मान्यता थी और अनुभव भी था कि इस प्रकार के घटिया धर्मवाद ने ही आम आदमी के जीवन को दुखी बनाया है, नर्क तुल्य बनाया है और आम आदमी, गरीब समाज, दलित जातियाँ जब तक इस ईश्वरवाद तथा धर्मवाद के जाल में फंसी हुई है, तब तक उनके दुखों का निवारण संभव नहीं है| आम आदमी के इस प्रकार की मान्यता होती है कि भगवान की मूर्ति के सामने रुपया पैसा, फूल, खाने का सामान रखने से हमें पुण्य की प्राप्ति होती है और सारे पाप धुल जाते हैं| परंतु गाडगे बाबा अपने कीर्तन के माध्यम से लोगों को समझाते थे कि उनका यह मानना गलत है| वह लोगों से पूछते थे, कि "भगवान बड़ा है या हम बड़े हैं? "लोग कहते थे की भगवान बड़ा है" "फिर भगवान की हम दें या हमको भगवान देंगे? "लोग बड़े जोर से कहते थे भगवान को देना चाहिए? "जब भगवान ने हम लोगों को देते हैं, तो आप लोग भगवान के मूर्ति के सामने रुपैया पैसा क्यों रखते हैं| यह तो भगवान का घोर अपमान है| भगवान की मूर्ति के आगे पैसा रखने वाले लोग बड़े चालाक और होशियार होते हैं| वह भगवान के

पाँव पड़ने जाते हैं, नमस्कार करके अपनी जेब से कुछ ही रुपया पैसा उनके सामने रखते हैं| क्या भगवान को यह नहीं मालूम होता कि वह अपनी जेब में काफी रुपया पैसा रखते हैं? ऐसे तो भगवान आग बबूला हो जाएंगे|

आप लोग रुपया पैसा, फल आदि भगवान के सामने रख कर धीरे से खिड़की से झाकियें, तो आप देखेंगे कि पुजारी पैसे उठाकर अपने धोती की अंटी में छुपाते हैं और फलों को अपने बच्चों को ले जाते हैं| गृहस्थी चलाकर बड़प्पन पाने के लिए चालाक लोगों ने तर्क कुतर्क से भोले-भाले लोगों को अपने जाल में फंसाने के लिए इस प्रकार से ढेरों भगवान बनाए है| यह भगवान के मंदिर नही बल्कि पुजारियों के अड्डे है| इस प्रकार से गाडगे महाराज ने पंडित पुजारियों के विरुद्ध लोगों को सचेत किया|

28

अज्ञान का खात्मा

गाडगे महाराज ने अपने जीवन को बुद्धि वाद से ही जिया था| समाज में उनका स्थान साधु, संतो महंतो से ऊंचा था जो भोली- भाली महिला श्रद्धालु होती थी और उनमें अलग-अलग प्रकार की जो अंधश्रद्धाएं थी, उन्हें भी उनके दिलो दिमाग से निकालने का काम अपने कीर्तनो के माध्यम से गाडगे महाराज जी ने किया था| वे उपस्थित लोगों को संबोधित करते हुए कहते थे कि भाइयों और बहनों, यदि भगवान (खंडोबा) से बच्चे पैदा होते हैं, तो दूल्हा अच्छा, दुल्हन अच्छी, मुहूर्त देखिए, कपड़े खरीदे, बैंड बाजा लाइए, बारात निकालिये आदि बातों की क्या जरूरत है? कोई भी महिला मंदिर में जाएं, भगवान से कहकर चार बेटियां और चार बेटे ले आईये| यह सबसे अच्छा कारखाना है| फिर भी पूछते थे "क्या यह ठीक है? "लोग कहते थे, "नहीं, नहीं| "नहीं फिर" क्या मन्नत से बच्चे पैदा होते हैं| "ऐसा कहने वालों के दिमाग कितने खोखले हैं, इस बात को आप लोग अच्छी तरह से समझते हो| इस तरह से संत गाडगे महाराज मन्नत करने वालों की घोर निंदा की है और जबरदस्त मजाक उड़ाया है| गाडगे महाराज अपने कीर्तनो के माध्यम से भूत प्रेत, टोना टोटका, चमत्कार आदि भ्रामक बातों का भी बड़ा मजाक उड़ाते थे और लोगों को इस तरह की बातों से दूर रहने की, किसी साधु के बहकावे में ना आने की सलाह देते थे| वह कहते थे कि "टोना टोटका करके या मंत्र प्रयोग से यदि किसी को भी बर्बाद किया जा सकता है, तो कहना

चाहिए कि वह तो भगवान से भी बड़ा हो गया| लड़ाई में 8-10 मंत्र प्रयोग करने वालों को भेज दीजिए, काम चल जाएगा| क्या जरूरत है बंदूकों की, तोपों की और बम की? "इस प्रकार से बुद्धिवादी सवाल पूछ कर गाडगे महाराज चमत्कार को एक प्रकार की गप, अफवाह के अलावा कुछ नहीं मानते थे| इस तरह से व अपने कीर्तनों में मूर्खतापूर्ण मान्यताओं का जबरदस्त मजाक उड़ाया है|

29

किसी किस्म का गुरुमंत्र नहीं

गाडगे महाराज ने अपने संपूर्ण जीवन में धार्मिक, पाखण्डों की जितनी धज्जिया उड़ाई हैं, साधु, संतों, महंतो की परम्परागत मान्यताओं की जितनी मजाक उड़ाई है, उनकी जितनी प्रशंसा की जाए कम है| गाडगे महाराज केवल महाराष्ट्र में ही नहीं बल्कि दक्षिण भारत, गुजरात आदि में काफी प्रसिद्ध हो गए थे| उन्होंने स्वयं चमत्कारों को जबरदस्त खंडन किया है| उनके सभी अनुयायी, प्रशंसक जानते थे कि वह किसी भी प्रकार के चमत्कार के खिलाफ थे| लेकिन उनके ही कुछ अनुयायियों में कुछ ऐसे भी थे जो उनको चमत्कारी, साक्षात्कारी कार्य मानते थे| कुछ लोगों की यह अवधारणा हो गई थी कि गाडगे महाराज जी के पैर छूने से दरिद्रता खत्म हो जाती है| "गाडगे बाबा का कीर्तन हुआ इसलिए गांव में रोग नहीं आया| "इस प्रकार की कई बातें उनके बारे में फैली हुई थीं| गाडगे महाराज का जनसंग्रह बड़ा जबरदस्त था| वे सबको अपना मानते थे| उन्होंने अपने लिए सिर छुपाने के लिए, ठहरने के लिए कहीं कुछ नहीं बनाया| उनका न कोई मठ था, न कोई मंदिर था| उनकी इच्छा होती थी, उधर ही चल देते थे| हर दिन लोगों को कीर्तन के माध्यम से कल्याणकारी उपदेश देते थे| जो उन्होंने जाना है एवं अनुभव किया वही बताते थे| जो भी मिल जाता उसे खाकर, जंगल में जाकर आराम करते

थे| वह अपने बारे में कहते थे कि "मेरा कोई शिष्य नहीं है और न ही मैं किसी का गुरु हूँ| "उन्होंने अपने अनुयायी को किसी भी प्रकार का कोई गुरुमंत्र नहीं दिया| वे अपने अनुयायियों को भी 'गुरु बंधु' कहते थे| वह सभी को एक समान मानते थे|

30

लंगर में कोई भेदभाव नहीं

गाडगे महाराज सभी समाजों में प्रिय थे| उनके विचारों के प्रचारकों में बहुजन समाज के लोग बहुत बड़ी संख्या में थे| कुछ ब्राह्मण, बनिया थे, वे ज्यदातर अपने स्वार्थ के लिए जुड़े हुए थे, गाडगे बाबा के विचारों से प्रेरित कम थे| संस्था में कम हो या ज्यादा लेकिन उनके चाहने वाले सभी वर्गों में थे इसलिए बाबा बड़े-बड़े कीर्तन सप्ताह का और सभी के लिए लंगरों का आयोजन करने लगे थे| इसके लिए उनको सभी समाजों से, धनी वर्ग से विशेष आर्थिक सहयोग मिलता था| उनके लंगर की सभी बड़ी विशेषता यह थी कि उनके अनुयायी आपस में जातीय भेदभाव नहीं करते थे क्योंकि बाबा की अपनी ही सोच और अनुशासन था, जिसे तोड़ने की हिम्मत किसी में न थी| बाबा अपने अनुयायियों से कहते थे कि "कीर्तन करने आओ| "और कीर्तन करते थे| अगर किसी नए कीर्तनकार ने पूछा "बाबा कहां जाएं? "तो बाबा कहते थे, "जहां इच्छा हो, वहां हवा की तरह जा| जहां कदम चले वहां जा| सारा जहां आपके लिए खुला है| "गाडगे महाराज का आदेश पाकर कीर्तनकार लोग जगह-जगह जाकर कीर्तन करने लगे| लोग सप्ताहिक कीर्तन करने लगे| गाडगे महाराज जी केवल सातवे दिन के कीर्तन में उपस्थित रहते थे| लोगों को पता चल जाता था कि उस गांव में आज कीर्तन होने वाला है, तो आसपास के लोग

मीलों दूर से पैदल व बैल गाड़ियों से इकट्ठा हो जाते थे| हजारों की संख्या में लोग कीर्तन सुनने आते थे| अतः समस्या यह पैदा हुई थी कि उनके भोजन की व्यवस्था कैसे की जाए? फिर सभी के लिए लंगर की बात सोची गई और सप्ताह के अंतिम दिन लंगर लगना शुरू हो गया| लंगर के लिए अनाज आदि की व्यवस्था लोग अपनी इच्छा से करने लगे| इस लंगर में कभी स्वादिष्ट भोजन खिलाया जाता था लेकिन बाबा आसपास के किसी झुग्गी में जाकर रोटी मांग कर मिट्टी की खपरी में रखकर खाकर और फिर कीर्तन के लिए आ जाते थे|

31

मंदिर की वजह स्कूल बनवाईए

संत गाडगे महाराज एक प्रभावशाली कीर्तनकार, समाज सुधारक, एक बुद्धिजीवी विचारक के रूप में एक प्रसिद्ध थे| वे कीर्तन के समय लंगर भी आयोजित करने लगे| उन्होंने अपने पशु प्रेम के कारण कई जगह गौ रक्षा संस्थाएं स्थापित की थी| उसी प्रकार उन्होंने आम आदमी में शिक्षा के प्रति जागरूक करने के लिए कई पाठशालाए शुरू की थी| गाडगे महाराज की एक बड़ी विशेषता थी कि किसी संस्था, स्कूल या धर्मशाला के निर्माण के बाद वे उसको ट्रस्ट के हवाले कर देते थे| किसी एक व्यक्ति के हवाले या अपने अपने अधिकार में नहीं रखते थे| वे किसी भी संस्था में अपने परिवार एवं रिश्तेदारों को नहीं रखते थे| ऐसी निस्वार्थ भावना थी उनकी| उन्होंने कभी किसी मंदिर अथवा मठ का निर्माण नहीं कराया| एक बार गाडगे महाराज कीर्तन करने के लिए किसी गांव में गए| उस गांव में नदी के किनारे कई मंदिर थे| दूसरे दिन सुबह गाडगे महाराज जी लोगों से चर्चा कर रहे थे कि "रात में कीर्तन के लिए जितने लोग थे, उतने ही मंदिर वहां है "लोग हंसने लगे| तब उन्होंने कहा, "हंसते क्यों हो? देखो. नदी का पूरा किनारा भरा पड़ा है वह देखिए, एक कुत्ता निश्चिंत होकर भगवान की मूर्ति पर पेशाब कर रहा है| क्या भगवान घूमने गए हैं? "किसी ने कुत्ते को मारने को पत्थर उठाया तब गाडगे महाराज जी

कहते हैं, "किसको पत्थर मार रहे हो? "कुत्ते को| "यदि आपको गुस्सा ही आ रहा है तो उसे मारिये जिस ने इन सभी मंदिर को बनाया है| इतने मंदिर बनाने की क्या आवश्यकता थी? एक मंदिर बनाना चाहिए था और भगवान को वहीं बैठाना चाहिए था| इतने मंदिर बनाकर फ़िज़ूल में ही धरती पर बोझ बढ़ा दिया| इस तरह से गाडगे महाराज चाहते थे मंदिर की बजाय जनकल्याण के लिए स्कूल खोला जाए| उन्होंने कई स्कूल स्थापित किए, लेकिन कभी किसी संस्था या स्कूल के मालिक नहीं बने|

32

झूठी प्रतिष्ठा का कोई मोह नहीं

समाज में झूटी प्रतिष्ठा का गाडगे महाराज जी ने कोई महत्व नहीं दिया था| अपने बेटे, बेटियों की शादी भी बहुत बड़े तामझाम से करने या रूढ़िवादी परम्परागत रीति-रिवाजों से करने में इसमें कोई बड़ी प्रतिष्ठा प्राप्त होती हैं, इस बात पर उनका विश्वास नहीं था| उनका अपना निजी जीवन बहुत ही सधारण ढंग का था और वह अपने परिवारी जनों से भी इसी प्रकार की उम्मीद करते थे| गाडगे बाबा की पहली बेटी अलोकाबाई का विवाह उनके ममेरे भाई बलिराम ने किया था| बाबा उस विवाह में भी नहीं आए थे जब मां सखूबाई और पत्नी को कुंताबाई अपने बच्चों के साथ घास फूस की झुग्गी में रहने लगी थी तब गाडगे महाराज की दूसरी बेटी कलावती की शादी हुई| उसके विवाह की खबर गाडगे महाराज जी को कैसे दी जाए, यह भी एक समस्या थी| वह कहां है इस का पता लगाना आसान बात नहीं थी| घर में किसी भी प्रकार की व्यवस्था नहीं थी और 1 दिन बाद शादी का आयोजन था| अपने ब्यायी, रिश्तेदार और जाति वालों को कम से कम बेसन रोटी तो खिलाई जाए, इसके लिए सखूबाई ने पूरी कोशिश की लेकिन कुछ नहीं हो सका| शादी का दिन आया, बरात आयी| जैसे तैसे शादी की रस्म पूरी हुई| दुल्हन के घर में खाने की कोई व्यवस्था नहीं थी| बराती भूखे प्यासे ही निकल गए| बराती जा रहे थे

"

और गाडगे बाबा आ रहे थे| उनकी रास्ते में बारातियों से भेंट हुई| बाबा उनसे से पूछते हैं, "आप लोग कौन हैं? कहां जा रहे हैं? " "हम लोग यहाँ शादी में आए थे, लेकिन यहां न तो अनाज का दाना है और न बैलों के लिए घास सब कुछ नदारद है हम भूखे प्यासे लौट रहे हैं, "बरातियों ने कहा| बाबा ने बड़ी विनम्रता से उनको लौटाया और वे अपने एक व्यापारी अनुयायी के घर गए| बेसन रोटी का सामान लाकर सभी के भोजन की व्यवस्था की| मेहमान अपने साथ कुछ भेंट लाए थे| उन्होंने मेहमानों से कहा, "कपड़ों की भेंट मत दीजिए| यदि देना ही है तो, भेंट में कुछ रुपया-पैसा दीजिए| "बाबा का इस तरह से कहना उनकी मां तथा पत्नी को अच्छा नहीं लगा| भेंट में मिले पैसों से बाबा ने घास खरीदी और गांव के सभी पशुओं को भरपेट चारा खिलाया| बेटी की शादी हो या मां की बीमारी, बाबा सार्वजनिक कार्य में हमेशा महत्व देते थे| वास्तव में हमारा सार्वजनिक जीवन कैसा हो इस की सीख हमे गाडगे जी से मिलती है|

33

बेटे की अकाल मृत्यु

घोर विपत्ति को भी बहुत शांति से सहना ही गाडगे महाराज जी की विशेषता थी| वे विपत्तियों से घबराते नहीं थे बल्कि उनका मनोबल, सामाजिक प्रतिबद्धता इतनी जबरदस्त थी कि कोई भी भयंकर विपत्ति को भी वे बड़े सहजता से पार कर जाते थे| उनकी घुमक्कड़ी इतनी जबरदस्त थी कि उनको मां के देहांत की खबर छह माह बाद पता चली| उनकी कलावती नाम की बेटी का देहांत शादी के पांच छ: साल बाद हुआ था, पर उसके मरने की खबर उनको 2 साल बाद मिली| इस बात से पता चलता है कि गाडगे महाराज जी ने गृह त्याग कर कर दिया, तब कुंताबाई 3 महीने गर्भ से थी| उन्होंने गोविंदा नामक बेटे को जन्म दिया| गोविंदा को अपनी आंखों के सामने रखने के लिए सखुबाई ने मुंबई के बरली में शादी करने का निश्चित किया| गाडगे महाराज के सैकड़ों अनुयायी सामान लेकर तैयार थे| मंडप लगाया गया, भोजन की अच्छी व्यवस्था हुई| मोटार सजने लगी| गाडगे बाबा पहुंच गए कर उन्होंने सभी अमीरी रंग ढंग रद्द करवाएं| दूल्हा दुल्हन को ठंडे पानी से नहलवाया| विवाह संपन्न होने के उपरांत उन्होंने सभी को बेसन रोटी खिलाया| बरात के लिए बैल गाड़ी तैयार की जो उपहार आए थे सब लौटाने लगे| इस तरह से उन्होंने अपने बेटे की शादी बगैर किसी दिखावे के संपन्न कराई| उन्होंने समाज के सामने एक आदर्श खड़ा किया| गाडगे महाराज अपने परिवार की ज्यादा चिंता नहीं करते थे| वे अपने परिवार के सभी सदस्यों को भी

निस्वार्थ जीवन जीने के लिए प्रेरित करते थे|

गाडगे महाराज चाहते थे उनका पुत्र उनकी तरह समाज सेवा करें एवं उनके जैसा जीवन जिए| वास्तव में गोविंदा के बचपन का दौर काफी मुश्किल भरा रहा है| गाडगे महाराज के अनुयायी चाहते थे कि गोविंदा को पढ़ाई के लिए मुंबई, पूना, पंढरपुर में रखा जाए| गोविंदा को पढ़ाई के लिए पूना के शिवाजी मराठा फ्री छात्रावास में रखा गया था जहां वह चौथी कक्षा में पढ़ रहा था तभी उसे कुत्ते ने काट लिया| समय पर उचित इलाज न मिलने के कारण 5 मई 1923 को उसकी मृत्यु हो गई|

गाडगे महाराज को उनके पुत्र की मृत्यु का समाचार तार द्वारा भेजा गया| बाबा कीर्तन के लिए तैयार हो रहे थे| उसी समय एक व्यक्ति ने तार लाकर बाबा से रोते हुए उनके बेटे की मौत का समाचार सुनाया| इस पर बाबा ने कहा, "अनगिनत लोग मर चुके हैं, एक के लिए रोने से क्या फायदा? "और फिर कीर्तन करने चले गए| उन्होंने इस घोर विपत्ति को आसानी से सहन कर लिया|

34

अछूतपन की बीमारी

गाडगे महाराज अछूत जाति में पैदा नहीं हुए थे| महाराष्ट्र में धोबी जाति के लोग ऊंची जाति के लोगों के कपड़े धोते थे और उसके बदले में हर घर से रोटी मांगकर अपना गुजारा करते थे| फिर भी धोबी जाति महार, चमार, भंगी, आदि जितनी अछूत जातियां थी उनसे ऊंचा माना जाता था| बाबा जहां भी जाते, उन्हें लोग उनकी जाति के बारे में पूछते थे बाबा कभी अपने आपको महार, तो कभी भंगी तथा को कभी धेड़ बताते थे फिर जो मार पड़ती थी उसको सहन भी करते थे| सामान्य तौर पर प्रतिकार करना बाबा का स्वभाव नहीं था बल्कि उनके पास जवाब था नमस्कार| अछूत जातियों का मनुष्य जीवन अत्यंत कठोर होता था| उन्होंने स्वयं कभी अपने जीवन में अछूतपन को नहीं माना| उनकी संस्थाओं में सामूहिक भोजन का आयोजन होता था वहां किसी भी प्रकार का भेदभाव नहीं होता था| वह अपने कीर्तन में अछूत पन की जबरदस्त आलोचना करते थे उनके अनुयायी सप्ताहिक कीर्तन का आयोजन किया करते थे जिसमे बाबा सप्ताह के अंतिम दिन जाया करते थे| सुबह सारा मैदान साफ कर दिया करते थे| एक जगह एक विशाल सप्ताहिक भोज का आयोजन किया गया था| वहां काफी मात्रा में लोग मौजूद थे| सभी के लिए भोजन की व्यवस्था थी|

लोग भोजन के लिए पंक्ति में बैठे थे| बाबा स्वयं व्यवस्थाएं देखते हुए

पंक्तियों में घूम रहे थे| कुछ लोग पंक्ति में चिल्लाए, "क्या? "बाबा ने पूछा| देखा कि स्वर्ण जाति के लोग कुछ निचली जाति के लोगों को धकेल रहे हैं| बाबा ने पूछा, "क्या हो गया? "यह निचली जाति के लोग हमारे साथ भोजन करने बैठे हैं "उन स्वर्णों ने कहा| "हमारे साथ नहीं, हम सभी लोगों के बाद"

उनकी निचली जाति के लोगों की ओर देखते हुए बाबा ने कहा सभी लोगों के साथ में भोजन करने की बजाय झगड़ा कर रहे हो| चलो साथियों, हम यहां खाना भी नहीं खाएंगे यह कहते हुए बाबा वहां से चले गए और कभी फिर उस लंगर में लौट कर नहीं गए|

35

रोगी की सेवा

समाज से प्रताड़ित, उपेक्षित लोगों के प्रति गाडगे महाराज के मन में अपनेपन की बहुत भावना थी| उनके दिल में रोगियों को सम्मान था| उनकी नजर में धर्मान्ध होना, अज्ञानता भी एक रोग है रोग इसलिए है जिस प्रकार रोग से पीड़ा व कष्ट होता है उसी प्रकार धर्मांधता अज्ञानता से पीड़ा व कष्ट होता है|

वे समाज को रोग मुक्त समाज बनाना चाहते थे| उनका मिशन देवी देवताओं की पूजा करना है या पाखंडवाद फैलाना नहीं था| अपनी सारी उम्र उन्होंने किसी पत्थर के आगे सिर नहीं झुकाया| किसी भी गरीब, दुखी व रोगी के दुखो को देखकर बाबा बहुत ही दुखी होते थे| उन्हें रोगियों के लिए भोजन दान के आयोजन किए थे| कोई भी महारोगी को अपने समाज में अपने घर से बहिष्कृत होना ही पड़ता है| महारोगी के समाज व घर छोड़ने के पश्चात भी मांग कर जीने के अलावा कोई रास्ता नहीं है| यह रोग जैसे जैसे बढ़ता है, रोगी और भयंकर दिखने लगता है| एक बार गाडगे महाराज आलंदी में अपने एक अनुयायी के साथ इंद्रायणी नदी के पास स्थित धर्मशाला की ओर जा रहे थे| पेड़ की छाया में एक भयंकर रोग असहाय अवस्था में अपने शरीर को संभाले हुए दिखाई दिया|| बाबा को उस पर दया आ गई| बाबा उस रोगी के पास गए और पूछा, “भैया, क्या कर रहे हो? “रोगी ने बाबा की आवाज को पहचान लिया और हाथ

जोड़कर बोला, "बाबा कुछ नहीं| "बाबा उसे उठाकर नदी किनारे ले गए जहां बाबा ने उसे अच्छी तरह से नहलाया और उसे अपने धर्मशाला ले आए गाडगे महाराज ने रोगियों हेतु महारोगी धाम की भी शुरुआत की थी|

वह रोग को पूर्व जन्म का पाप नहीं मानते थे|

36

गाडगे महाराज का परिनिर्वाण

गाडगे महाराज का स्वास्थ्य सन 1954 में गिरता चला जा रहा था| बावजूद इसके भी बाबा का जनसेवा, जनजागृति अभियान उसी गति से जारी था| कीर्तन के लिए जगह-जगह से बुलावा आते थे| खराब स्वास्थ्य के बावजूद भी मना नहीं करते| पिछले 50 वर्षों से चलते चलते वे थक जरूर गए थे मगर हारे नहीं थे| सन 1955 में स्थिति कुछ ज्यादा ही गंभीर हो गई| सन 1955 की गर्मियों का समय था, बाबा मधुमेह से पीड़ित थे| उन्हें सेंट जॉर्ज अस्पताल में भर्ती कराया गया था, अपनी आदत के मुताबिक वे अस्तपताल में भी जमीन पर ही सोते थे| बड़े आग्रह से वह दवा, इंजेक्शन, ग्लूकोस लेते थे| अस्पताल में आम जनता से लेकर प्रमुख हस्तियां तक ने बाबा के दर्शन किए| अस्पताल में उनके अनुयायियों का तांता लगा रहता था| भूत पूर्व उपराष्ट्रपति ए जती, डॉक्टर अंबेडकर, एस पी पाटिल, के सी ठाकरे, बी जी खैर, जयंतीलाल मानकर आदि व्यक्तियों से लेकर आम देहाती भाई उनके दर्शन करने आते थे| वे उठ बैठते सबको हाथ जोड़ते हुए संकेत देते हुए कहते "दीपक अभी जल रहा, जब तक जलता है देख लो तेल से भीगी बाती ही शेष है| कब हवा आ जाए, कब दीपक बुझ जाए, कोई भरोसा नहीं है| "तबीयत में कुछ सुधार हुआ| बाबा अस्पताल से छुट्टी मिली बाबा ने घोषणा की,

सभी हिसाब, लेन दें का व्यापार, बैंक के कागजात आदि जो भी कार्य अधूरा है उसे पूरा कर लो, अब मेरे पास ज्यादा समय नहीं है| हम कभी भी जा सकता है| कभी अपने अनुयायियों को बुलाकर समझाते "जितने त्याग, ईमानदारी, पवित्रता की भावना से यह सेवा कार्य आज तक होता आया है| आगे भी होता रहेगा तो मानवता का भला होगा| इस कार्य को जारी रखने की कोशिश में लगे रहना|

इसी बीच पंढरपुर का मेला लगा| वे अपनी संस्था के काम से वहाँ हर मेले में जाते ही थे| वहां वे जनता को अंधविश्वास, मूर्ति पूजा, मिथ्याचार, आडम्बरो से बाहर आकर लोक कल्याण के लिए प्रेरित करते| लेकिन पंढरपुर का अंतिम उपदेश देश सेवा और जन सेवकों को गिरते स्तर पर करारा तमाचा साबित हुआ | 6 दिसंबर 1956 को भारत के कोटि-कोटि दलितों के मुक्तिदाता, बाबासाहेब आंबेडकर का आकस्मिक के निधन हो गया| गाडगे बाबा उन्हें भीतर से बहुत चाहते थे| डॉक्टर अंबेडकर के जाने के बाद गाडगे बाबा पूरी तरह से टूट चुके थे| उन्होंने दवाई छोड़ दी| बाबा उसी दिन अमरावती के लिए निकले| बाबा मुंबई हावड़ा एक्सप्रेस से अमरावती जा रहे है| यह सूचना नासिक ,अकोला, मूर्तिजापुर, अमरावती और बडनेरा में पहुंचा दी गई| हर स्टेशन पर लोग बाबा के दर्शन के लिए जुट रहे थे|

बाबा की तबीयत 13 दिसंबर 1956 को फिर बिगड़ी| उन्हें इर्विन अस्पताल में भर्ती करवा दिया गया| उन्हें ऑक्सीजन पर रखा गया था| 17 दिसंबर 1956 को बड़े कष्ट में रहे लेकिन बाबा 6 दिसंबर को ही दवा छोड़ने का निर्णय ले चुके थे| अत: 18 दिसंबर को बाबा ने अस्पताल छोड़ दिया| 19 दिसंबर को बडनेरा में गए| वहां उन्होंने अपने अनुयायियों को एकत्रित कर कहा मैं ठीक हूं, शरीर में कमजोरी जरूर है| अब मुझे नागरवाड़ी ले चलो| चलते वक्त बाबा ने अपनी इच्छा प्रकट की "मेरी मौत जहां हो वहीं मेरे शरीर का अंतिम संस्कार कर दिया जाए| मेरी न मूर्ति न समाधी, न मंदिर और न स्मारक न बने| मेरे द्वारा करवाए गए कार्य मेरे ही सच्चे स्मारक है|

बाबा तो नागरवाड़ी जाना चाहते थे| लेकिन चाँदूर में डॉक्टर ने कहा कि बाबा को इलाज के लिए तुरंत अमरावती ले जाओ, वहीं से अमरावती जाने का निर्णय हुआ| गाड़ी चल पड़ी, बाबा की बीच में आंख लगी, कुछ देर बाद आंख खोली, धीरे स्वर में पूछा नागरवाड़ी आई कि नहीं? अनुयायियों ने कहा बाबा, गाड़ी अमरावती जा रही है| बाबा ने कुछ नहीं कहा, उपरोक्त शब्द बाबा के अंतिम शब्द बन गए| गाड़ी जैसे ही बलगांव के पीढ़ी नदी के पुल पर आई बाबा का शरीर ठंडा हो गया| रात 12:20 बजे का समय था| उनके अनुयायी कसमकस थे| गाड़ी अमरावती डॉक्टर शाह के बंगले पर पहुंची| डॉक्टर शाह ने जांच करके कहा बाबा नहीं रहे, इस तरह बाबा अपने मिशन को अधूरा छोड़ कर चले गए, मिशन को पूरा करना हमारा धर्म है|